原·象

NATURE,
RIGHT
AND JUSTICE

自然、权利与正义

程志敏 著

华夏出版社
HUAXIA PUBLISHING HOUSE

目　录

前　言 / 001

论古典自然法的特质 / 001

　　一　作为问题的自然法 / 003
　　二　神法、永恒法与自然法 / 008
　　三　古典自然法的宇宙论基础 / 015
　　四　理性的不同内涵 / 021
　　五　结语 / 030
　　附：自然法何以古典？ / 037

论自然权利的不完备性 / 042

　　一　来源上的阙如 / 042
　　二　内容上的空无 / 046
　　三　形式上的片面 / 051
　　四　结语 / 056

说人权内外 / 058

　　一　人权的话语 / 059
　　二　人权的根基 / 073
　　三　人权的内与外 / 090
　　四　结语 / 137

正 义 / *146*

引 子 / *146*
一 "正义"的由来 / *147*
二 "正义"的内涵 / *158*
三 "正义"的功用 / *168*
四 "正义"的衰变 / *176*
五 结语 / *186*

文 选 / *189*

附 录 正义的内在性 / *227*

前　言

　　世俗时代的人们很难想象神怪的世界，总会把神明或任何超越性的东西视为理智的产物，甚至视为无聊想象的结果。同样，有神论时代的古人也无法理解：一切都以自身理性为基础的论证何以可能？人类究竟何德何能竟然敢于把自己当成神？人类凭借什么能力去决定一切并让万物成为自己的臣民？古今扞格如斯，竟然完全不可通约，但古今本来不应该如此泾渭分明，而且我们也根本无法找到一个明确的日期来分别古与今，更不用说，"今"本来就是从"古"延续或发展而来。

　　这一切是如何造成的？难道是因为我们为了博人眼球而故意夸大了古今的差异，还是说人类思想本身发生了一些根本性的变化，才造成了古人和今人居然看上去像是两种不同的生物？如果古今之变不成问题，那么，古人和今人各有什么优劣？总不会一方只有"优"而另一方唯剩"劣"了吧？

　　这些大问题不是一人一时所能回答的，目前我们只能大而化之地说：古今一脉，皆为人世；古今之别，在在可考；古人今人，判然不同。究其原因，主要在于对神圣、自然、时间、人性、理性、想象力、意志等等问题的看法发生了根本性的改变，而这些改变不可一概视为"进步"，也不能完全斥为数典忘祖，但无论如何要谨慎：同一个概念在不同历史阶段的含义已有非常大的变化，甚至有南辕北辙之别。

比如说,"自然法"从其诞生之日起,就在不同的派别那里具有不同的内涵,而最近一两百年所谓的"自然法的复兴"又与古希腊、古罗马和中世纪的"自然法"大相径庭。在古代,自然法的基础是神法,或者说自然法是神法的一部分(较低的那一部分);在现代,自然法的基础是(人的)理性,不仅与神启无关(顶多并行不悖),其地位甚至高于神法:就连上帝都不能随随便便更改自然法!古今思想家都把自然法视为"正确理性"的产物,但如何理解"正确理性",古人与今人就有了很大的分歧。

就算古今对正确理性的内涵有着相同、相近和相通的见解,就算苏亚雷斯、普芬道夫和洛克等人对理性的理解不是苍白而空洞的,但这种(高级的)理性作为人内在的思想功能又怎么可以为自己立法?启蒙运动以及德国古典哲学几乎都毫无节制地弘扬理性的能力,却并没有因此而为现代世界建立起有益、有用和有价值的自然法,相反,"启蒙运动留给其后代的是一个被大大削弱因而无力抵制19、20世纪羽翼丰满的实证主义的自然法传统"(罗门,《自然法的观念史和哲学》,中文版,页20)。这种实证主义的自然法传统本来就是启蒙运动一手造就的,当然无力抵制,甚至意识不到问题究竟出在哪里。

同样,自然、自由和平等之类的概念也存在着明显的古今之变,最起码它们的"向度"(即"内向"和"外向")已截然相反。一般说来,概念乃至逻辑和思想体系的变化再正常不过了,毕竟生活经验在不断地延伸、扩充和沉浮,但并不是每一种变化都值得赞颂,也不是每一点转变都需要批判,前者无心无脑,后者神经过敏。在中国几千年的古代文明中,祖宗之法究竟可变还是不能变的论争,总会在历史转折关头不断上演。

从理论上说，祖宗之法既有可变之处，也有不能变之处，有如"易"之三名，但这样的回答太过粗疏，没有多大意义，但在今天似乎已经显得难能可贵了，因为人类的思维愈发单极化，早已习惯于"非此即彼""非黑即白"的两极模式。仅凭这一点即可知道：人类并没有因科技的进步而变得更加成熟，反倒越来越幼稚——至今不断爆发的各种危机、纷争、冲突、战争，尤其是基因编辑和人工智能所导致的终极性生存危机，也就不难理解了。

面对当前越来越多、越来越复杂也越来越要命的问题，笔者深感无从下手，更觉无力无助。本书仅从"自然""权利""正义"等概念入手，以管窥天，以蠡测海，以筳撞钟，聊尽绵薄。这几个概念不是平行或平等的，因为只有在"（古典）自然法"的语境中，才能理解"权利"与"正义"这两个同义词，因为后者只有在"自然"之中才能生根发芽，或者借用"自然"一词的希腊文本义来说，权利和正义必须是"生成的"：它们既是"受生的"（即，不是理论的构造和逻辑推演），也是"能生的"。

而现代政法思想中从逻辑、理性和公理之类的形而上学领域中推导出来的"正义"和"权利"既无法支撑我们的现实生活，也不能生产出美好的未来，那是因为它们自己本身都是"无生命的"，即不来自"生"，自己当然也就没有生育能力。就连现代思想的开创者培根都意识到，必须"道法自然"，而不能任由蜘蛛般的逻辑或理性为所欲为，培根指出，

> 凡建筑在自然上面的东西都会生长和增加；凡建筑在意见上面的东西则只有变化而无增加。因此，那些学说假如不是像一棵植物扯断了根，而是保持紧密

连接于自然的子宫（utero）并继续从那里吸到营养，那么就不可能发生如我们现在所看到的两千年来的经过情况，就不可能是：各种科学都停立在原来的地方而几乎原封不动，不仅没有显然可见的增长，而且相反，只在最初创立者手中繁荣一时之后随即衰落下去。（《新工具》1.74，许宝骙译文）

不管我们如何理解"自然"，它都无疑是所有知识的来源，也是人类生存的根基。人类几千年在生死攸关的知识方面鲜有长进，大概就在于日益脱离自然，人类的生存自然也就被连根拔起。中世纪的经院哲学家过于依赖逻辑，无疑是最显眼的"罪魁祸首"，而德国古典哲学家及其现代传人本质上不过是新的经院哲学家，至今被人供奉在人类思想的殿堂中，其实也很可能为虎作伥了。在培根看来，知识不应该是为了好看，而是要有实效。尽管这样简单化的分野容易引起误会，但我们也愿意在此呼唤真正的"实学"。

2023 年 5 月 5 日　于江东寓所

论古典自然法的特质

西方思想史上的"自然法"几经浮沉，在最近半个世纪出现了令人眼花缭乱的复兴景象，重新让西方政治、法律乃至哲学界焕发生机，仿佛带领西方人走出了绝对主义理论崩溃后的相对主义和虚无主义阴霾。无论怎么说，这似乎都是值得庆贺的事情，毕竟，当代丰盛的自然法学说是以两次世界大战千千万万人的生命为代价换来的反思（据说每次大规模的惨烈战争都会引发自然法的繁荣和更新），① 也是人们日渐厌恶怀疑主义和实证主义的产物，更是各种理论聒噪和话语通胀之下痛定思痛的结晶。

不过，我们进入"今天的观念市场"（today's marketplace of ideas）② 之前，得汲取过去的教训，对任何潮流性的思想运动都要特别小心。实际上，越来越多的学者已经认识到，17世纪以来作为现代政法基础的"古典自然法"本质上与"古典"毫无关系（如果有什么关系，也不过是针锋相对或南辕北辙），甚至连其中还有没有"自然法"都大为可疑，"自然法"很可能名存实亡了。至于现代自然法的理论基础，即自然状态学说和社会契约论，也逐渐受到致命的批判。

---

① 罗门，《自然法的观念史和哲学》，姚中秋译，上海：上海三联书店，2007，页96。笔者以前讨论过自然法，见拙著《归根知常——政治哲学的古典面相》，北京：华夏出版社，2020，第八章。

② R. P. George, *Natural law: Contemporary Essays*, Oxford: Clarendon Press, 1994, p. v.

但这些主要以亚里士多德和阿奎那为理论先驱的"新托马斯主义"的"新自然法"学说在弥合道德与法律、理性与信仰、程序正义与实质正义等方面，究竟是纠正和扭转了近代古典自然法所开创的现代性路向，还是在没有找到真正原因的情况下反倒推进了自己所批判的理论，都需要花大力气专门分析。本文的目的仅仅是为"古典自然法"正名，从而为全面而深刻的反思提供一个可能的参照。当然，我们所说的"古典"更多的是一个"品质"概念，而不仅仅是时间划分标准。[1] 大体说来，我们把阿奎那以前的思想称为"古典"，但同时我们也清楚，这两千年所谓的"古典"中亦不乏头脑相当现代（甚至太现代）的人。[2] 单纯的年代划分并不合适，只能让徒有其名的"自然法"深深地遮蔽和久久地延宕着我们特别需要思考的那些甚至对人类社会生死攸关的根本问题。

---

[1] 仅仅从时间顺序来划分思想史，而忽视品质和本质，这是人文主义者的发明，对于我们理解过去是一种阻碍。参奥克利，《自然法、自然法则、自然权利——观念史中的连续与中断》，王涛译，北京：商务印书馆，2015，页18、88。

[2] 古希腊的智术师在这一方面与现代启蒙知识分子高度相似，罗门，《自然法的观念史和哲学》，页9-11、16-17、115。周作人亦曰："翻二千年前芦叶卷子所书，反觉得比现今从上海滩的排字房里拿出来的东西还要'摩登'。"（周作人，《希腊拟曲译序》，见《周作人文类编·希腊之余光》，钟叔河编，长沙：湖南文艺出版社，1998，页201）怀疑论者卡尔尼亚德斯（Carneades，约前215—前125）也是极端的实证主义者，与现代观念异曲同工。安提丰被后人视为法国大革命时期那些高扬自然法的人最早的先驱，而在古代，自然法理论也是多种多样，相互之间依然存在着后世所谓的"古今之争"。

一 作为问题的自然法

与近现代作为具有不言自明合理性的自然法观念不同，古典自然法一开始就表现出内在的冲突和斗争，在经历了相当漫长的融合过程后才勉强以"自然法"之名行世。换言之，对现代人来说，自然法是宇宙或理性固有的规律，是判断是非善恶的客观标准，是现成的"高级法"（higher law）；但对古人来说，"自然法"这个说法本身就是一个问题，因为它背后隐藏着理性与启示、神圣与世俗、神义与人义、祖统与主统（用中国传统经学的话来说就是"法先王还是法后王"）、革命与守成、民主与僭政、必然与自由、意志与规范等等人类思想中根本问题的悖论性选择。

太初有道，道既是自然法，但又远不止于此。在"有道"之初，天道统摄一切，其他所有规范都集中在这个最伟大的名称之下，并未独立出来自成一体。在西方，通常被认作法律女神的"忒弥斯"（Themis），其内涵远非任何一个学科所能涵盖，因为它本是"天地大法"。忒弥斯乃是原初的存在，比神明更古老，同时还是一切存在者（包括神明）都必须遵从的根本法则，[①] 这种法则因而是永恒法、神法、自然法和人法的集合体。其中任何一种都不能代表 themis，在这种情形下，没有必要单独谈论（哪怕是神法），因为任何一种都显得狭窄局促。

后来在初民的有限意识中，超越性的 themis 逐渐划归

[①] 梅因仅仅把 themis 理解为一种"判例"和"习惯"，似乎太过狭窄（《古代法》，沈景一译，北京：商务印书馆，1959，页2-4）；另参拙著，《古典法律论》，上海：华东师范大学出版社，2013，第四章。

神明统管，因而变成了"神法"。既然宇宙万物都由超级存在者按照天地大法管理着，人的理性和意志毫无用武之地（还由不得人异想天开），因而由人的理性所推导的"自然法"亦不见踪影。但理性的突破乃是不可逆的趋势，"自然"的发现以及随之而来的宗教式微也就不可避免要演绎成思想的内在冲突。"法"（无论是 themis 还是更加世俗化的 thesmos 或 nomos）以神明为主体和主权者，构成了一个完整的生活世界，这时遭到"自然"的侵蚀，于是，"法还是自然？"就成为一个问题。

老派人士支持"法"，反对"自然"——实际上这也是宗教时代的普遍现象：凡是"律法"与"（自然）理性"出现冲突时，人们总会站在"法"这一边，或者说，"法"对"自然"占有绝对的优势。后来，柏拉图在解决 physis-nomos 之争的过程中，也是重新把 nomos 的地位放在 physis 之上，从而扭转时代精神（尽管最终并没有什么效果）。①这一派人士代表着保守的立场，他们的观念集中体现在品达那句古老的箴言中（残篇 169），"礼法乃万物之王"（nomos ho panton basileus，另参希罗多德《原史》3.38 和柏拉图《高尔吉亚》484b 以及《法义》690b-c），这种观念实际上来自更远古的信仰："法"乃是宙斯赐给人间以维护正义的法宝（《劳作与时日》行 275 以下）。

但是到了古希腊轰轰烈烈的启蒙运动时期，"法"这位"王者"（basileus）被贬低成"僭主"或"暴君"（tyrannos）："法"对万物的管控和滋养变成对万物本性的虐待！柏拉图笔下的智术师希琵阿斯如是颠倒了品达的命题："礼

---

① 另参欧里庇得斯《酒神的伴侣》884-896 行（以及 E. R. Dodds 对此处的评注）；柏拉图《法义》卷十，尤其 890d。

法是［支配］世人的僭主，它强制许多针对自然的东西。"① 也就是说，"法"以其至高无上的地位，对自然或本性"施暴"（para ten physin biazetai）。于是，新派知识人（他们因聪明智慧而被时人称为"智者"）站在"自然"的角度强烈反对成法和祖法，在他们（如智术师安提丰）看来，"法"只是人们偶然的"意见"（因为 nomos 与表示"认为"的动词 nomizo 同根），仅仅具有相对性，而"自然"才是必然的"真理"，具有绝对性，因而"自然"与"法"南辕北辙，甚至针锋相对，不可能合并成为后世所谓的"自然法"。在现实生活中，"法"因人因地因时而异，往往多变不一，甚至自相矛盾，难以成为美好生活不变的基础。相反，"自然"却普遍有效，不易变动，在作为生活的指导法则方面，当然优于习惯或祖传的"法律"。

为什么"自然—法"会成为一个内在冲突的问题？或者说，为什么"自然"与"法"在某个特定历史时期会相互冲突？"自然"与"法"在成为问题之前相互处于什么样的关系中？

起初，一切都在"法"（不管是 themis 还是 nomos）的羽翼之下，宇宙中的一切"自然本性"都从属于"法"，这时，"自然"与"法"是一种包容关系，当然不存在冲突。就算后来"自然"（physis）的内涵不断扩大，仍然在目的论和神圣性上与 nomos 保持着高度一致，② 甚至在社会机能或群体功能上与之保持着原始的统

---

① 柏拉图，《普罗塔戈拉》337d，见《柏拉图四书》，刘小枫译，北京：生活·读书·新知三联书店，2015，页 106。
② 参朗格，《希腊思想中的法律与自然》，见《剑桥古希腊法律指南》，邹丽等译，上海：华东师范大学出版社，2017，页 477、485。

一，否则后世的"自然法"也就根本无从谈起了。① 但随着理性的崛起，宗教信仰作为"法"的基础开始遭到人们的攻击，这时出现的"自然—法"冲突实际上首先表现为理性与信仰或哲学与宗教的根本冲突，在形式上呈现为对传统的反叛与维护。革命派以事物的本性为武器，反对陈腐的传统教条，甚至反对一切"规矩"（nomos 即代表着规范）的禁锢。

"自然"与"法律"之间争夺话语权或思想制高点，背后是新知旧学在根本问题上的冲突，更多地表现为"阶级斗争"！新兴的权贵为了夺取意识形态控制权，以"自然法"为阵地，祭出"自由平等""社会契约"和"个人意志"等武器，努力冲破旧制度的束缚，成就一番革命的伟业——这样的好戏在近代一再上演。"自然"与"法"的理论较量实际上却是"民主制"对"寡头制"和"贵族制"的反抗。② 据说，"自然—法"之争，背后不过是各自党派的利益，但这场争斗的最终结果却是"法律失去了神圣性，失去了正义的中立性；法律成了权力的掩饰，遵守法律也不再是遵循正义"。③ 自然法成了政治斗争的武器，或攻击传统观念的"炸药桶"，所以，我们不必专把安提戈涅和苏格拉底之死（仅仅）归结于"法"（nomos）本身的

---

① 康福德，《从宗教到哲学：西方思想起源研究》，曾琼、王涛译，上海：上海三联书店，2014，页77。

② Michel Nancy, Three Versions of the Nomos-Physis Antithesis: Protagoras, Antiphon, Socrates, In A. L. Pierris (ed.), Φύσις and Νόμος: Power, Justice and the Agonistical Ideal of Life in High Classicism, Patras: Institute for Philosophical Research, 2007, p. 382.

③ 吉尔伯特·罗梅耶-德尔贝，《论智者》，李成季译，高宣扬校，北京：人民出版社，2013，页94。

含混性，① 更不能简单诉诸同样充满歧义的"自然"（physis）——据说，"自然"一词在古代至少有 66 种用法。②

与作为问题的古典自然法在形式上稍有相似之处的地方在于，最近的自然法研究本身就是一个"问题"，只不过它们所涉及的"问题"本质上完全不同。虽然"新自然法"学派试图以古老的"法"（nomos，实则以古典自然法）来对抗法律实证主义，以便让我们在一个堕落的时代（absinkende Zeit），"能保护我们对时下世界问题的认识不受法律实证主义的干扰"③，也不受怀疑主义的侵蚀，免遭无神论以及由此而来的伦理相对主义的毒害，最终试图在深度弥漫着的虚无主义洪流中逃脱灭顶之灾，但以现代物理学为基础的自然观本质上是一种机械论的宇宙论，不要说"自然法"在其间毫无容身之处，就连现代人勉强用来作为"自然法"基础的"自然"本身在存在论上都还是一个悬而未决的问题（更不用说"神明"的存在了）。即便现代人还愿意在"自然科学"（或科学经验主义）和"实定法"的意义上使用"自然法"概念，但它"其实并不是自然法的理念本身"。④ 如此一来，无论学术界怎样拼命复兴自然法，最终是否能够解决他们所要解决的问题，那都是很成问题的——这才是目前的自然法研究最根本的问题。

---

① E. M. Harris, *Democracy and the Rule of Law in Classical Athens*, Cambridge: Cambridge University Press, 2006, pp. 57, 80.
② 参奥克利，《自然法、自然法则、自然权利》，页 19。
③ 施米特，《大地的法》，刘毅、张陈果译，上海：上海人民出版社，2017，页 35。另参 R. P. George, *In Defense of Natural Law*, Oxford University Press, 1999, pp. 17ff.
④ 罗门，《自然法的观念史和哲学》，页 98。

二　神法、永恒法与自然法

严格说来,"自然法"从一开始就已经不再是"天地大法"(themis)意义上的"法",自身早已蕴含了走向反面的因素,因而当今繁荣无比的自然法理论最终演变成"自然法"的自我解构,这一结局其实在"自然"与"法"这一对凿枘不入的概念生拉硬扯拼凑成"自然法"之时早就注定了。"自然法"的诞生不是表明那些"非自然法"(如永恒法和神法)有什么不可克服的问题仿佛需要从理性中演化出一种新的法律来解决,而是说明"自然法"从一开始就有着先天不足的革命种子。从神法的角度来说,自然法根本就不成立。而从自然法的角度来看,神法等高级法太过粗疏,容易让世间一切陷入宿命论:一切都是神明的安排,人的自由意志还有何意义?如果一切早已注定,谁还会努力祛恶扬善?

所谓"自然—法",就是不必有某种外力的安排,事物本性或"自然"(nature)具有内在规律,万物会按照某种客观的强大趋势而自行发展,否则,违背事物本性就会破坏自身的同一性,至少也会给自己的"生长"带来巨大的损失——在古希腊语中,physis[自然]本义就是(自行)"生长"。"在亚里士多德的物理学中,自然指实体、本质、物性和实质,它们与行为、活动、运动、生长和发展具有原则的联系。自然是一种存在方式,它不立即占有实现的状态,而是通过生成慢慢达到它。"[①] 实际上这不仅是亚里

[①] 西蒙,《自然法传统——一位哲学家的反思》,杨天江译,北京:商务印书馆,2016,页84。

士多德在《物理学》（192b）和《形而上学》（1014b）中的看法，而是整个古典自然法的共同认识。

因此，"自然法"的诞生直接冲着"神法"而来，即便不是为了取消后者，至少也要在法律帝国中占有一席之地。但与后世彻底背离宗教神学语境的自然法理论不同，古典自然法虽然对抗着神法、永恒法、不成文法和万民法，却与它们仍然保持着极为亲密的关系，从而也让自己显得有本有根。古典自然法与现代自然法最大的区别可能就在于此，这也决定了各自不同的命运。①

高古的哲人们大多不喜欢谈论 physis 与 nomos 之争，"晦涩哲人"赫拉克利特是个例外，正是这位保守的贵族首次让"自然法"作为一种自然而不变的法则登上思想史的舞台。他的如下名言成了古典自然法的基础："若以理智言之，必须坚守那些对所有人都共同的东西，就好比城邦坚守法律，而且坚守得更加坚定：因为所有的人类法律都由那一个神圣的法律所哺育——因为神法就像自己所愿意那样强大，满足一切都还绰绰有余。"（残篇114）这个说法就是"道"（logos），就是"智慧"。后世学者对此解释道："人的法律是被神圣的、普遍的法律所哺育；它们符合逻格斯，宇宙的形式要素。'哺育'主要——但不完全——是隐喻的；人的法律和逻格斯之间的关联是间接的，尽管不是没有物质基础，因为好的法律是具有火的灵魂的智慧的人的产物。"②

---

① 关于中世纪和现代自然法理论各自的优劣，参 N. Bobbio, *Thomas Hobbes and the Natural Law Tradition*, Trans. D. Gobetti, Chicago: The University of Chicago Press, 1993, pp. 150-154。

② 基尔克、拉文、斯科菲尔德，《前苏格拉底哲学家》，聂敏里译，上海：华东师范大学出版社，2014，页316。

逻格斯是永恒的，那么由之生发或哺育的自然法也就是永恒的。尽管人世间的法律千奇百怪，但它们共同的基础就是自然法，因为它归根结底乃是"神法"或"逻格斯"的产物——人间的种种法律都不过是实现这一神法的努力而已。反过来说，"自然法"乃是"神法"的具体体现（embodiment），离开神法，自然法则根本就无从谈起，其合法性和目的性则更不知所谓。① 我们一般习惯于谈论某一行动或某一法案的"合法性"，但谁又来保证这种合法性的合法性？比如说，趋利避害之所以合理合法，就在于它符合自然法，但这种自然法本身就是最终的根基了吗？进言之，趋利避害本身就是无条件的吗？自我保存就像现代人所理解的那样至高无上吗？在现代社会，由于超越性宗教信仰的缺失，自然法自然就成了最终的依据，但在古代思想中，作为伦理道德基础的自然法本身还需要更稳靠的基础作为支撑，尽管古典自然法与作为其基础的神法或永恒法在古人那里往往没有实质性差异。

当人们把安提戈涅视为"自然法的女英雄"② 时，就已经表明古人并没有严格区分自然法与神法，因为安提戈涅诉诸的对象乃是"不成文法"，而不是"自然法"。③ 安提戈涅说："天神制定的永恒不变的不成文律条（ἄγραπτα κἀσφαλῆ θεῶν νόμιμα），它的存在不限于今日和

---

① 罗门，《自然法的观念史和哲学》，页 6。
② 马里旦，《自然法：理论与实践的反思》，鞠成伟译，北京：中国法制出版社，2009，页 16。
③ 但是，有学者把安提戈涅诉诸的不成文法说成是我们今天所谓的"自然法权"（le droit naturel），见吉尔伯特·罗梅耶-德尔贝，《论智者》，页 97。

昨日，而是永久的，也没有人知道它是什么时候出现的。"① 这位准确而言的"不成文法的女英雄"实际上是"神法"的守护者。即便智术师（如希琵阿斯）也承认不成文法乃是永恒的，不可变动的，来自一个比人类法令更高的源泉。后来西塞罗也明确地说，真正的法律不是成文的，而是"天生的"（non scripta sed nata lex）。② 这种不成文的"天法"（nata lex）在字形上与自然法（lex naturalis）接近，本身就是神法和永恒法。

古典自然法最经典的表述出自西塞罗笔下，他说：

> 真正的法律乃是正确的理性，与自然相吻合，适用于所有的人，稳定、恒常，以命令的方式召唤履行义务，以禁止的方式阻止犯罪行为，但它不会徒然地对好人行命令和禁止，以命令和禁止感召坏人。……对于所有的民族、所有的时代，它是唯一的法律，永恒的、不变的法律。而且也只有一个对所有的人是共同的、如同教师和统帅的神，它是这一种法律的创造者、裁断者、立法者，谁不服从它，谁就是自我逃避，

---

① 索福克勒斯，《安提戈涅》454-457，见《罗念生全集》，上海：上海人民出版社，2007，第2卷，页307-308。在荷马史诗《奥德赛》中，伊塔卡（Ithaca）在奥德修斯出征的二十年中都没有政治集会，也没有法律规范，却依然能够维持基本的共同体生活，靠的就是"神法"和"自然法"。另参《罗马书》2：14，外邦人没有成文法，却也能够按照自然法来生活。但这种未成文的神圣法律被黑格尔解释成了"自我意识"（《精神现象学》，先刚译，北京：人民出版社，2013，页264）。

② Cicero. *Pro Milone*. 10；另参罗门，《自然法的观念史和哲学》，页20注释10。

蔑视人的本性，从而将会受到严厉的惩罚。①

这段话充分表达了古人对自然法、永恒法和神法关系的判断：自然法本身就是永恒法，甚至也是万民法（ius gentium），它本身来自神法，因为神法归根结底乃是"法律中的法律"（legum leges）。②

古典思想的集大成者托马斯·阿奎那进一步表达了古典自然法思想的重要观念，他把自然法归在了永恒法之下，后来的学者们由此就接受了这样的定论：永恒法乃是自然法的基础。阿奎那如是说：

> 万事万物都以某种方式分有永恒法，永恒法铭刻在它们身上，从而派生出指向恰当行为和目的的各种倾向。……因此，理性造物有一种对永恒理性的分有，借此它们拥有了一种指向恰当行为和目的的自然倾向。这种理性造物对永恒法的分有就称之为自然法。③

阿奎那接下来明确地宣布："天主智慧的理型是永恒法，因此，所有法都来自永恒法。"④ 古人无法设想离开了神法和永恒法的自然法。

---

① 西塞罗，《论共和国》3.33，王焕生译，上海：上海人民出版社，2006，页251。

② 西塞罗，《论法律》2.18，王焕生译，上海：上海人民出版社，2006，页107。

③ 阿奎那，《神学大全》I–II q. 91 a. 2，见阿奎那，《论法律》，页17。

④ 阿奎那，《神学大全》I–II q. 93 a. 3，见阿奎那，《论法律》，页45。

但这个基本原则却在格劳秀斯那里遭到了毁灭性的破坏。格劳秀斯虽然认为上帝是自然法的最高渊源——这似乎很传统，但他那句"即便没有上帝，或者人间事物与神明毫无关系，自然法仍然有效力"[1] 最终打开了潘多拉的魔瓶，最终导致了古典自然法彻底丧失了活力，变成实用主义、理性主义、个人主义的现代自然法。据说，格劳秀斯这种说法滥觞于苏亚雷斯的《论法律与作为立法者的上帝》(Tractatus de Legibus ac Deo Legislatore)。苏亚雷斯虽然承认上帝乃是自然法的动力因（efficient cause）和导师，但他认为由此不能推导出上帝就是立法者这一结论。也就是说，自然法并不来自上帝，而且到了后来，苏亚雷斯干脆就把自然法视作"真正的神法"（true divine law）。[2]

神法、永恒法最终与自然法相分离，自然法的基础不再是神明或上帝的意志和命令，而变成人性中最值得凡人骄傲的"理性"，人也因此升格成为"有朽的上帝"。这个过程的起点便在于亚里士多德，他笔下作为"不动的推动

---

[1] Hugo Grotius, *The Rights of War and Peace*, Ed. R. Tuck, Indianapolis: Liberty Fund, Inc., 2005, Book iii, p.1748.

[2] F. Suarez, *Selections from Three Works*, Oxford: Clarendon Press, 1944, pp.198, 190, 189, 182。霍布斯表面上也承认神法和上帝在法律系统中的崇高地位，见霍布斯，《自然法要义》，张书友译，北京：中国法制出版社，2010，页103、205。在其他地方，霍布斯又说法律虽出乎自然，却不因自然而称为法，而是因自然之权威即全能的神（页100）。他还说："上帝约束全人类的法律便是自然法。"见霍布斯，《利维坦》2.31，黎思复等译，北京：商务印书馆，1985，页276。但上帝最多只是看上去像自然法的最后渊源，或者说，现代人只是装模作样地把自然法视作上帝的赐予，另参霍布斯，《论公民》，应星、冯克利译，贵阳：贵州人民出版社，2003，页42以下。

者"的神其实与世界的联系并不紧密，而更多的是一种自我同一性而已（《形而上学》1075a），更进一步说，哲人的神不是动力因，甚至也不认识世界。"亚里士多德并未预设神圣意志对世界的作用，也没有预设神祇在世界进程中的任何创造性活动或介入。"①

即便后来者还会把上帝视作自然法的制作者，但这时的上帝更多地类似于古希腊戏剧中的"机械降神"（deus ex machina），不过是一种人为的设计，已完全不具有神圣性了，毕竟，"上帝就是自然法的创制者的证明就需要借助于天赋理性"②，自然法的神圣性（如果还有一点残存的话）需要自然理性来证明，显然，自然理性已经取代了上帝，或者说成了新的上帝。就算后人还承认自然法是神法的一部分，但含义已经大不相同，二者隐然并立，其差异仅在于"自然之光"和"启示之音"而已，③ 无非是近现代"理性人"在宗教高压下玩弄的"双重真理论"的把戏。总之，现代"自然法得到独立的处理，即人们不再在神学语境或实定法语境中处理自然法"。④ 我们在后面还会讨论到，康德以理性"绝对命令"代替永恒法，彻底让自然法与永恒法相分离。

---

① 西蒙，《自然法传统》，页66以及页242注释13。
② 普芬道夫，《人和公民的自然法义务》，鞠成伟译，北京：商务印书馆，2009，页62。
③ 洛克，《人类理解论》，关文运译，北京：商务印书馆，1959，上册，页329。
④ 施特劳斯，《论自然法》，见《柏拉图式政治哲学研究》，张缨等译，北京：华夏出版社，2012，页191。

三 古典自然法的宇宙论基础

在信奉超越性存在的古人看来，神法和永恒法与人的意志和喜好无关，反倒是人世间一切行为的基础，因而神法和永恒法的这种独立性、外在性和神圣性，使得人们很容易把它们与自然法混为一谈，毕竟自然法也是外在于人类习俗和愿望之外的根本法则，同样因为远远优于人法而显得接近神法和永恒法。把自然法当做不成文法和神法，这种做法甚至在洛克那里都还有痕迹。① 既然自然法一般而言是作为神法的颠覆者而出现的，它们在古典世界中却为何联系如此紧密呢？这就牵涉到古人对"自然""宇宙""天道"与"神明"关系的理解，因为古典自然法直接建立在古典宇宙论基础上。

古代的"自然"或"宇宙"本身就具有人格特征，有喜怒哀乐，有意志和目的，尤其重要的是，自然或宇宙乃神明所安排或创造，因而还具有神性。② 这样一来，自然法与神法就在"宇宙论"这一相同的基础上相通了。

> 赫拉克利特的神法本身就是一种自然的法则，这

---

① 洛克，《政府论》（下篇）2.136，叶启芳、瞿菊农译，北京：商务印书馆，1982，页84。另参巴克勒，《自然法与财产权理论：从格劳秀斯到休谟》，周清林译，北京：法律出版社，2014，页117。

② 自然具有目的，而非偶然的和自发的，见亚里士多德《物理学》198b34-199a2。中国古代思想在这方面拥有丰富的资源，比如，董仲舒曰："天亦有喜怒之气，哀乐之心，与人相副。以类合一，天人一也。"（《春秋繁露·阴阳义第四十九》，见苏舆，《春秋繁露义证》，北京：中华书局，1992，页341）

种自然法则本身体现在宇宙规律和宇宙相关性中，体现在太阳每天旋转、季节变换和生死轮回中。他的神法似乎也是与人法相区别的自然法，这种自然法拥有一种普遍的、权威的和客观的范围，而市民法充其量只能尝试着去靠近它。①

与神法接近的自然法主要体现在宇宙的"生生之谓易"中。在赫拉克利特那里，自然法则存在于宇宙规律中，甚至就是宇宙法则本身——他说的是"宇宙正义"，而不是"宇宙法"，就正如"自然法"这一概念并没有以整体而规范的形式出现在古希腊黄金时代，因为他们更看重的是"正义"，而不是"法律"（尽管 dike 这个词也有司法上的意义），古希腊人说"自然正义"或"自然正当"或"天然就是正确者"，以对应后世所谓"自然法"。②

在古人看来，包含日月星辰在内的"宇"以及年岁季节的"宙"本身就已经足以说明神明的存在（《法义》885e-886a），神明掌控着"自然"周而复始的变化（《法义》715e-716a），而天地万物和谐共生的根本法则应该成

---

① A. A. Long, "Law and Nature in Greek Thought", In M. Gagarin and D. Cohen (eds.), *The Cambridge Companion to Ancient Greek Law*, —— Cambridge University Press, 2005, p.418。中文见朗格，《希腊思想中的法律与自然》，见《剑桥古希腊法律指南》，页 481。此处引用据原文有较大改动。

② 见《王制》501b，《法义》889d-890d，《蒂迈欧》83e4-5，修昔底德《战争志》5.105。在亚里士多德那里，"自然的公正"（to dikaion physikon）对每个人均有效，因为它来自宇宙或自然，而"法律的公正"（to dikaion nomikon）更多的是人为的，当然远不如"自然公正"可靠（亚里士多德，《尼各马可伦理学》1134b-1135a，廖申白译，北京：商务印书馆，2003，页 149-150）。

为人类效法的目标，至少要让人在"自然法"中变得虔敬和善良①——柏拉图正是在"神法"的语境中寻求宇宙论的支持。与希伯来的创世"神"不同，古希腊的神明只负责"安排"宇宙秩序，"神"（theos）在古希腊语中就来自"安排"（tithemi）。万物原先无序，是神明出手将其"安排得井然有序"（die-kosm-ēsen），使之形成一个整体，也就是我们的宇宙（kosmos），从而把神圣性、自然性、目的性和道德性赋予了整个世界（《蒂迈欧》69c）。在古希腊语中，"宇宙"和"秩序"是同一个词，它既是"自然"，也是人世效仿的"法"，宇宙中自然就有"自然法"。

西塞罗说得更直白："永生的天神把灵魂输入人的肉体，是为了让人能料理这块大地，并要人们凝神体察上天的秩序（caelestium ordinem），在生活中恒常模仿。"②"恒常"即"永恒"，也是自然法的本质之一。天体运行、四季更替，既是"自然"的法，也是人世应该模仿的法（《论法律》1.61 和 2.16）。因而"服从上天秩序（caelesti descriptioni）、神的智慧和全能的神"（《论法律》1.23），就是服从自然法和神法，自然法的基础即在于"上天的秩序"。中国亦有类似的观念："然则奚以为治法而可？故曰：

---

① 参柏拉图《法义附言》990a，西塞罗《论法律》2.16，《论共和国》1.26，另参 6.20-29；《论神性》2.16。

② 西塞罗，《论老年》21.77，见王焕生译，《西塞罗文集（政治学卷）》，北京：中央编译出版社，2010，页 275。同样，在柏拉图那里，kosmos 一词也用得不多，指"宇宙"的时候就更少了，他喜欢用"天"（ouranos）来代指"宇宙"（《法义附言》977b）。耶格尔注意到，柏拉图也许是第一个用 kosmos 来代指"美善"（goodness）的，见 W. Jaeger. *Paideia*, *The Ideals of Greek Culture*, Trans. G. Highet, Oxford: Basil Blackwell, 1947, vol. 2, p. 146。比如在柏拉图笔下，"节制"就是一种 kosmos［秩序］，见《王制》430e6。

莫若法天。天之行广而无私，其施厚而不德，其明久而不衰，故圣王法之。既以天为法，动作有为，必度于天。天之所欲则为之，天所不欲则止。"（《墨子·法仪第四》）老子亦曰"道法自然"（25章），因为"天乃道，道乃久"（16章），故而后人有"法天立道"之说（董仲舒《天人三策》）。

宇宙论之为古典自然法的基础，这在古代不成问题，但现代人却容易因"宇宙论"老旧和"不科学"甚至"迷信"而进一步反对古典自然法，最终让（古典）自然法变得不再可能。或者反过来说，现代人由于抛弃了神学目的论的宇宙论，放弃了整体论的思维模式，从而让自然法走向灭亡。在这种情况下，我们必须仔细审查"古典宇宙论"的积极意义及其可能的界限（兹事体大，需另文单论）。

的确，以现在的眼光来看，古典自然法与一种过时的（antiquated）古典宇宙论联系在一起，而现代科学所取得的巨大成功似乎已经充分证明古典宇宙论完全靠不住（untrue）。但情况真是如此吗？施特劳斯反驳道：无论现代自然科学多么成功，它丝毫无法影响我们对何为人身上的人性（what is human in man）的理解。而且现代自然科学不再以"整全"的方式来看待宇宙和人性，从而使得"人作为人完全不可理解"。整全是神秘的，人对整全的开放因而就包含着对宇宙论的探索。① 古典宇宙论乃是一种有机的整体观，而现代宇宙论则是一种机械技术的产物，在古人看来，"天、地、神和人通过集体、友爱、有序、节制和正义合成整体"（《高尔吉亚》508a）——这比海德格尔后期

---

① 施特劳斯，《什么是政治哲学》，李世祥等译，北京：华夏出版社，2014，页29。

费尽心力提出的"四元说"（das Geviert）早了两千多年！从"整体"这个角度来说，宇宙论比本体论高明得多，但普通哲学史却错误地认为，从宇宙论到本体论再到认识论和语言论乃是一种历史的"进步"！

如果没有整全的宇宙论，人、神、宇宙各自为政，互不牵涉，一切都变成"原子式"的"自然元素"，生命的意义便被埋没在"科学"中了。古典宇宙论比现代宇宙论更高明的地方就在于还保留着对人性的关怀："当笛卡尔的宇宙取代了亚里士多德的宇宙，当一个由自然构成的宇宙被一个巨大的东西——广延（它的组成部分及其安排和重组使得自身能够得到数学方式的完美处理）所取代时，我们就必须应付这样的一幅世界图景，其中目的论因素就像颜色和味道的因素之于几何学一样毫无关联。"① 笛卡尔以降的这种机械论的宇宙观在柏拉图时代就已屡见不鲜（《法义》889b-c），"不言而喻，在一个彻底机械论的宇宙中不可能存在自然法这样的东西"。② 于是，施特劳斯如是反问道："宇宙论究竟错在何处？人依据对人之为人显见之物力图找到他的方位（bearing）究竟错在何处？"③ 古典哲学对天道的沉思不是单纯为了寻求知识而从事价值中立的客观

---

① 西蒙，《自然法传统》，页 91。
② 西蒙，《自然法传统》，页 93。摩莱里的《自然法典》主张自然目的论（黄建华、姜亚洲译，北京：商务印书馆，1982，页 21以下），实则是一种"机械论的自然观"（页 24），因而他对西塞罗的引用从根本上说乃是一种误解。施特劳斯批判现代机械论的宇宙观，维护亚里士多德的"目的论宇宙观"，另参《自然权利与历史》，彭刚译，北京：生活·读书·新知三联书店，2003，页 8。
③ 施特劳斯，《犹太哲人与启蒙》，张缨等译，北京：华夏出版社，2010，页 334。

研究，而是"将我们导向正确行为的根据"。① 古典思想的根本教导即"认识你自己"，它的核心就是寻找自己在宇宙中的位置——这是古典宇宙论及其生发出来的自然法理论最重要的教导之一。

物理学（当然也包含天文学、宇宙学以及其他"自然学"）在古代有着明确的伦理诉求："理论物理学所规定的涉及因果链的教义，必定被沉思、被吸收，因而把对象变为道德意识的产物，由此，哲学家方能把自己领会为整全之一部分。所以，与生命体验相关的物理学（physique vécue），这是一种对自然意愿的顺应态度。"② 古人对宇宙和世界有着绝对的信任，而对象化之后世界和宇宙则成了人类宰制和利用的"资源"，丝毫谈不上信任与亲近，由此而产生对立冲突乃至相互伤害甚或终将同归于尽，则完全是应有的结果。最终，"对自然的轻视到康德和黑格尔那里达到顶峰，在他们那里，自然彻底丧失了作为伦理和政治标准的来源的资格"。③ 原因就在于后世的哲学把"宇宙中无限创意的乐章"转化成"一连串意外所驱使的无限磨石所发出的单调噪音"。④ 古典宇宙论由此沉沦，随之消失的便是自然的美妙乐章，其中就包含着自然法。

---

① 施特劳斯，《犹太哲人与启蒙》，页338。
② 阿多，《古代哲学研究》，赵灿译，上海：华东师范大学出版社，2016，页203。另参 G. R. Carone, *Plato's Cosmology and its Ethical Dimensions*, Cambridge: Cambridge University Press, 2005, passim。
③ 伯恩斯，《亚里士多德与现代人论自由与平等》，见刘小枫编《城邦与自然》，柯常咏等译，北京：华夏出版社，2010，页205。
④ 贝勒尔，《德国浪漫主义文学理论》，李棠佳、穆雷译，南京：南京大学出版社，2017，页60。

四　理性的不同内涵

虽然"自然法"乃神明恩赐，而一旦"自然之法"得以存在，似乎就本然如此，显得"自然而然"，但"自然法"本身却并不是自明的。因此，要认识"自然法"，就需要人的理性的介入。即便如乌尔比安（Ulpian）所说的自然法乃是自然教给所有动物的东西（natura omnia animalia docuit）①，也无疑只有人类能够体会甚至参与到宇宙法则中去，因为在所有动物中，唯人类有理性。理性与自然法的这种紧密关联很容易让人产生误解，以为只有理性才能认识的自然法其实不过是理性的产物！——现代自然法观念恰恰就犯了这样的弥天大错。② 而且，虽然理性与自然法很难相互分离，但理性的含义及其限度在古今却有着天壤之别。

（一）理性并非终极因

古人认为有理性的比没有理性的更高贵，而神明乃是所有存在物中最高贵的，当然拥有绝对的理性。人的目标就是以理性或理智为手段，想方设法去"似神"，即走向或接近神性，尽可能达到完美，这就是"自然法"（《蒂迈

---

① *Digest*, 1.1.3，另参查士丁尼，《法学总论——法学阶梯》，张企泰译，北京：商务印书馆，1989，页6。

② 庞德对罗马法中的自然法的理解，即"自然法是一种思辨性的律令体，……源出于理性而且是用哲学方式加以建构的。创造性地运用这一理想，标示出了古典罗马法时期的特征"（《法理学》，邓正来译，北京：中国政法大学出版社，2004，第一卷，页36），就非常"现代"，因为庞德在这里所说的自然法其实是现代自然法。

欧》90c6-d7)。西塞罗这样描述道："凡被自然赋予理性者，自然赋予他们的必定是正确的理性，因此也便赋予了他们法律，因为法律是允行禁止的正确理性。如果自然赋予人们法律，那也便赋予人们法。因为自然赋予所有的人理性，因此也便赋予所有的人法。"(《论法律》1.33) 所以，"自然理性"(naturalis ratio) 不仅制定法律①，它本身就是"神界和人间的法律"(lex divina et humana)。②

在古典自然法理论中，"法律乃是植根于自然的最高理性，……当这种理性确立于人的心智(mente)并得到充分体现，便是法律"(《论法律》1.18)，而德性才是理性的完成和最高的自然(《论法律》1.25, 56)。这里的"理性"不是某个人的理性，甚至不是"人"的理性，而是一种"普遍"的理性，自然法更多的是"神"的理性之产物。现代自然法理论却依赖于个人主义的理性主义，结果让抽象的"人性"而非神性成为自然法的基础——格劳秀斯就明确地说："人性乃是自然法之母。"③ 这是一个巨大的分水岭："从此以后，不再是上帝的本质，而是人的自然，从本质上和抽象地观察的人的自然，被视为自然法之

---

① 盖尤斯，《法学阶梯》1.1，黄风译作"自然原因"(北京：中国政法大学出版社，1996，页2)。

② 西塞罗，《论义务》3.23；另参西塞罗，《论占卜》1.90, 130, 2.37。另参柏拉图，《米诺斯》316b5，《泰阿泰德斯》172b、177d；亚里士多德，《修辞术》1375a31-b5。

③ Hugo Grotius, *The Rights of War and Peace*, p. 1749。另参庞德《法理学》，第一卷，页48。在菲尼斯看来，亚里士多德(《形而上学》1070a12 和 1015a14-15)和阿奎那已经把自然法建立在人性之上了，见 John Finnis, *Natural Law and Natural Rights*, Oxford University Press, 2011, p. 103。

源头。"① 结果，自然法的基础变成想象中的自然状态，但是阿奎那早就告诫过："仅仅依据自然本性所具有的原则也是不充分的。"②

理性固然具有神圣性，却并非至高无上；理性归根结底只是一种手段，目的在于走向德性；理性有着巨大的能力，能够认识自然法，但其能力终归有限。也就是说，虽然古典自然法理论承认法律来自"正确的理性"，但理性并非"终极因"，它最终来自神明。如果没有神明，宇宙中就没有什么是比人更了不起的存在物——但这无疑是"最高的狂傲"（summae adrogantiae），甚至是"疯狂的自以为是"（sane adrogantis）。原因就在于"如果没有上帝"（si dei non sint），这个本来不成立的假设在格劳秀斯那里却成了可靠的逻辑前提"神不存在"（non esse Deum）！

阿奎那明确地说："人的理性自身不是事物的尺度。但是通过自然铭刻在人的理性之上的原则却是所有与人的行为有关的事物的一般规则和标准，对于这种行为，自然理性是它的规则和标准，虽然它不是来自自然的事物的标准。"③ 所以，古典自然法诉诸理性，却远远不是（现代）理性主义，因为"其中还欠缺近代理性主义那种自高自大的精神。它并未主张人是自足的，并未主张人本来就完美，它并未坚持诸般抽象'权利'，并未视个体为一切法律与一

---

① 罗门，《自然法的观念史和哲学》，页88。
② 阿奎那，《神学大全》I-II q. 91 a. 4，见阿奎那，《论法律》，页23。
③ 阿奎那，《神学大全》I-II q. 91 a. 3，见阿奎那，《论法律》，页20。

切准则之终极根源而坚持其自主性"。① 在古人看来，伟大的理性本身还需要其他证据来补充甚至证实，理性毕竟不是终极的，因而古典自然法"没有一丁点在17、18世纪流行的理性主义自然法中所表现出来的放肆的踪影"。② 古典自然法与现代自然法差别在于，前者认为自然法不是理性的产物，而后者由于消灭了"自然神论"，就只能把自然法的根基落在理性之上，认为自然法就是思辨理性自我推导和演绎的结果（《纯粹理性批判》Axx, Bxiii, B780）！

（二）理性的有限性

世间任何有限的存在物都具有悖论式的两可性，有利有弊。神赐的理性诚然锋利（西塞罗《论至善》5.57），如果用错了，反受其害，毕竟哪一件坏事不是"美好理性"（bona ratio）的杰作呢！（《论神性》3.71）所以，在古人看来，正因为"理性"伟大，我们才更需小心对待它："越伟大越神圣的东西，越需要小心：理性如果能够得到很好的运用（adhıbıta），就能发现最好的东西，如果置之不理，则会陷入无穷的错误之中。"（西塞罗《图斯库路姆论辩集》4.58）西塞罗在其他地方彻底反思了理性的有限性：

> 我们从神明那里拥有了理性，就算我们真拥有，但那究竟是好的理性还是不好的理性却取决于我们自己。神明赐人类以理性，那本身不是什么仁慈之举，

---

① 登特列夫，《自然法》，李日章等译，北京：新星出版社，2008，页50-51。
② 罗门，《自然法的观念史和哲学》，页49。

因为神明倘要伤害人类,还有什么能够比得上把这样一种理性能力赐给人类更好的呢?而如果理性不是屈居于不义、不节制和懦弱,那么,这些恶又从何而来呢?(《论神性》3.71)

世间的恶也是理性的"杰作",因此,理性不是万能的,更不是至善的,归根结底,理性不是"上帝"。实际上,苏格拉底早就对当时轰轰烈烈的"理性主义"浪潮表达了自己尖锐的批判:他原来服膺阿那克萨戈拉的"理性"(nous)说,但后来发现,这种以理智来组织(diakosmōn)和安排(kosmein)包括宇宙(kosmos)在内的一切这种说法,不仅在理论上无法成立,而且也是亵渎神灵的狂妄之思,所以苏格拉底才另辟蹊径,开始了著名的"第二次起航"(《斐多》97c-99d)。而近代学者也认识到了理性容易让人误入歧途:"在这种情况下,看到这种理性变成恶毒言行的最危险的工具之一,这又有什么奇怪呢?理性步入歧途正是由此开始的。"①

理性通常被比拟为太阳,能够让我们更好地看清万物,但我们却不能盯着太阳看,否则会毁了眼睛(《斐多》99d5-7)。太阳(理性)能够滋养万物,但太阳多了也会烧坏家园——现代思想家中因过分迷信理性从而坏了眼睛者不在少数,因过分放大理性的光芒而导致现代思想整体性的"危机",也是无法挽回的事实。其中的原因就在于,"理性主义不再认为自然法是创世智慧的产物,而是将其视为理性自身的展示。因而就将自然法转换成了绝对而普遍的正义法典。自然法就像几何定理和数据那样,铭刻在自

---

① 摩莱里,《自然法典》,页30。

然之中,由理性进行诠释"①。

苏亚雷斯、格劳秀斯、笛卡尔、普芬道夫赋予理性以无穷的能力,让客观的 ordo rerum [万物秩序] 成为多余,因而以此为基础的自然法也变得多余。在他们那里,人的理性至高无上,凡夫俗子也在"我思"之中直接担保了自我及其相关的一切的存在。人因为具有理性而成为天使,因而现代理性认识论本质上乃是"天使认识论"(angelic epistemology)。人的理性成为真理的标准,人们也开始沉醉于毫无节制的体系建构。② 但这种人义论的"天使主义"必定堕落,理性也无法支撑人类的道德,最终接手的是经济地位。现代人(比如菲尼斯)在抛弃"形而上学"之后,试图发展出一种"没有自然的自然法学说"。于是,自然主义、个人主义、激进主义、理性主义的自然法最终成为现代思想的奠基者和掘墓人。

(三)理性和自然法的形式与实质

在古典思想中,理性不仅是一种外在的认识能力,同时还有着具体的内涵。自然法是正确的理性,而理性的"正确"体现在引导人们走向德性,因而,德性就是理性的内涵,也是古典自然法的主要目标(《名哲言行录》7.94)。自然法由此被称为"生活的导师",就因为它本身就是"生活的法则和规矩"(leges vivendi et disciplinam,《论法律》1.57; vivendi doctrina, 1.58)。施特劳斯总结说:

---

① 马里旦,《自然法》,页 74-75。
② 罗门,《自然法的观念史和哲学》,页 80-81。

自然法将人导引向他的完善——一种理性的和社会性的动物的完善。自然法是"生活的指南和责任的导师"（西塞罗《论诸神的本性》1.40），它是理性对人类生活的命令。由此，为其自身的缘故而值得选择的有德性的生活，开始被理解为遵从自然法——遵从这样一种法，有德性的生活逐渐被理解为顺服的生活。反过来说，自然法的内容就是德性的全部。①

古典自然法重视理性，最终却是以德性和幸福为目标，以维护和保障人类的利益（《论义务》3.31）。这样的内容如果还不够"实质"的话，古典理性观及其相关的自然法还规定了具体的内容：首先是礼敬神明，其次是保卫国家，再次是孝顺父母，最后是对兄弟朋友忠诚友爱。"［如果没有自然法］哪里还可能存在慷慨、爱国、虔敬和为他人服务或感激他人？所有这一切的产生都是由于我们按本性乐于敬爱他人，而这正是法的基础。不仅恭敬他人，而且对神的礼敬和虔诚也都可能遭到废弃。"（西塞罗《论法律》1.43）这里所说的敬、诚、忠、孝悌、仁爱就是古典自然法或古典理性的固有内涵。

现代人不断"神化"理性，最终在康德-黑格尔那里达到了顶峰，一切都可以由理性演化出来。"人的理性现在成为知识秩序的至上建筑师；它成为万物的尺度。自然法的客观基础，ordo rerum［万物的秩序］和永恒法消失不见了。所谓的自然法，不过就是从绝对命令、从实践理

---

① 施特劳斯，《论自然法》，见《柏拉图式政治哲学研究》，页187-188。

性的调整性理念中推导出来的一系列结论而已。"① 所谓"人为自然立法",其真正的含义便是:人的理性乃是自然法的源泉。自然法主要在于维护自由意志,而自然法的"绝对命令"或"定言命令"也变成一种空洞的形式:"要这样行动,就好像你的行为的准则应当通过你的意志成为普遍的自然法则似的。"② 这个"普遍的自然法则"(allgemeinen Naturgesetze)所颁布的绝对命令看上去与"己所不欲,勿施于人"(《论语·卫灵公》)相似,但儒家在这个形式原则之外明确地规定了行为举止必须服从的内容,而康德的理性绝对命令实际上并没有任何实质性的教导。

  费希特也有与康德"绝对命令"相似的说法:"一切法权判断的基本原则是:每个人都要依据关于其他人的自由的概念,限制自己的自由,限制自己的自由行动的范围(使其他人作为完全自由的人也能同时存在)。"③ 但在"自由"这个广阔的海洋中挣扎了几百年差一点被它淹死的人们越来越清楚地意识到,"自由"虽为现代自然法的基础,实则毫无实质内容可言。自由平等、自然状态、意志、绝对权利,凡此种种,如果不加仔细分辨,可能都是让人误入歧途的海市蜃楼美景。

---

① 罗门,《自然法的观念史和哲学》,页80-81。
② 康德,《道德形而上学的奠基》,李秋零译,见《康德著作全集》(第4卷),北京:中国人民大学出版社,2013,页429。
③ 费希特,《自然法权基础》,谢地坤、程志民译,北京:商务印书馆,2004,页116-117。

现代自然法以科学的"自然法"或"自然法则"[①] 为榜样和基础，但不幸的是，"自然科学的'自然法'仅有计算的功能，而没有实质性内容"。[②] 科学化的自然法就如同哲学上的实证主义一样，对"起源"和"根基"之类的核心问题毫无兴趣，从而变得"无家"和"无根"。普芬道夫（以及霍布斯）与西塞罗都把自然法理解为"正确理性"的产物，但西塞罗给正确理性之为"正确"规定了具体的内容（见《论义务》），而普芬道夫只是苍白地谈论"正确理性"。[③] 同样，在康德那里，"非人格的、形式化的、绝对的命令取代了永恒法。因此，自然法作为 lex naturalis 的一部分，不再与永恒法有联系，原因就是，它不再被理解为 lex naturalis 的一部分、理性的道德律的一部分。而且，直接地、必然地纳入法律概念的，不是可强制性，而是外在的物理性力量"。[④] 康德的理性形式主义论辩不允许他发展出一种实质价值的学说——舍勒专门写了一本大

[①] 自然法研究大家基尔克明确指出：导致中世纪自然法观念解体的，就是"自然法则"，见 Otto Friedrich von Gierke, *Natural Law and the Theory of Society*, Trans. Ernest Barker, Cambridge：Cambridge University Press, 1934, p. 35。洛克完全是在"自然法"（natural law）的意义上直接使用 Law of Nature，见《自然法则》，徐健译，上海：华东师大出版社，2014。
[②] 施米特，《大地的法》，页39。
[③] 巴克勒，《自然法与财产权理论》，页131。霍布斯也说自然法（Law of nature）就是正确的理性的命令（dictate of right reason），见《论公民》，页11、36等。
[④] 罗门，《自然法的观念史和哲学》，页92-93。

部头著作来批判康德的纯形式主义。① 就这样，自然法不再具有实体性内容，因而最终导致了它自身的消亡。

五 结语

世间万物莫不有则，这个"则"既是"规律"或"法则"，又是事物本身的"性"或"自然"，属于其存在论意义上的"本体"。因而，nomos 与 physis 本来就是每一件事物内在的两种根本属性，人的理性或许最先发现"法则"，终归也会逐渐明白其"自然"。当然，"法"和"自然"的含义远远不是"则"可以概论，其广泛而多层次的丰富内涵导致两者所结合成的"自然法"也就必然具有复杂多变的内涵。

"自然"的发现是一个很难评价其是非功过的思想史事件，因为它是理性的必然结果，而这个结果又给理性带来

---

① 舍勒，《伦理学中的形式主义与质料的价值伦理学》"第二版前言"，倪梁康译，北京：商务印书馆，2011，页8-9，页113等。舍勒对康德还说过这样恶毒的评价：康德的伦理学不是对了一半，也不是错了，而是"魔鬼之言"（刘小枫编，《舍勒选集》，上海：上海三联书店，1999，页715）。最根本的原因可能在于，康德实际上受到了格劳秀斯、普芬道夫和托马修斯（Thomasius）等人的直接影响。但最要命的是，普芬道夫和康德都丝毫不懂得古典自然法："普芬道夫几乎不十分熟悉任何一位希腊或经院哲学家，那位在近代思想之如此众多广泛领域构成了分水岭的康德，只是从一本非常不完善的哲学史书中了解到亚里士多德和圣托马斯，这难道不是致命的吗？"（罗门，《自然法的观念史和哲学》，页85）这的确是一个"极端致命的事实"。关于莱布尼茨对普芬道夫的批判，另参巴克勒，《自然法与财产权理论》，页55；罗门，《自然法的观念史和哲学》，页88。

了"反噬"的恶果。人的理性一旦觉醒，就会摆脱外在的超越性羁绊，"世界""法则"都会走向自然性的理解。正如施特劳斯所说："自然之发现就等于是对人类的某种可能性的确定，至少按照此种可能性的自我解释，它乃是超历史、超社会、超道德和超宗教的。"① 如果按照"自然"的方式来看待世界，就需要理性来判定什么才是"自然"。"自然"（physis）最早出现在《奥德赛》中，懂得"自然"（physis）的奥德修斯不仅能够避免被女巫变成猪猡，还能在不具有神的身位的前提下享有神的知识，② 这就是"自然的发现"给人类带来的自信和狂喜，如果缺乏必要的界限意识，那么，这种了不起的发现就会成为人类自身的负担。

在古风时期，physis 与 nomos 并不构成冲突，因为"physis 是一种神性的中介和神性的智慧，虽然这种神性与传统的被赋予人性的众神不同"。③ 最初的 nomos 与 physis 甚至没有分裂、遑论对立。但最终，法（nomos）与法律（thesmos，Gesetz）相混淆（即，被功能化为法律科学），后来甚至逐渐等于公民投票同意的由少数人制定的一些规章制度（psephismata，即法规）、行政命令和临时措施，而后面这些人为规制虽然具有强制性，却并不具有足够的合法性（更不用说神圣性），其本质不过是"众意"（Volksbeschlüße）。在仍然崇奉神明和智慧者（sophos，即圣贤）的古典时代，公民的"普遍同意"没有任何意义。

---

① 施特劳斯，《自然权利与历史》，页 90。
② 伯纳德特，《弓与琴》，程志敏译，北京：华夏出版社，2016，页 128-129。
③ 朗格，《希腊思想中的法律与自然》，见《剑桥古希腊法律指南》，页 477。

从神法走向自然法,这似乎是一个必然的过程,在古希腊时期就已经变得十分显著:

> 探究开端、探究太初事物,现在变成对宇宙进行哲学分析或科学分析;传统意义上的神法是一套发端于一个位格上帝的法典,如今其地位为一种自然秩序所取代,这种秩序甚至可以像后来那样被称为一种自然法——或至少用一个更宽泛的术语,即一种自然道德。因此,真正而严格意义上的神法,对于新的哲学来说只是起点,是具有绝对本质性的起点,而在进程中这种神法则遭到摒弃。如果说希腊哲学接受神法,那也仅仅是政治上接受,即出于教育大多数人的意图,而非视其为独立存在之事物。[1]

后世的神法成为一种理论保证或思想摆设,大概也是必然的趋势。

但即便如此,古典自然法理论也自认来源于神法,并以整全的宇宙论作为自己的理论根基。普鲁塔克指出,"在古人那里,无论是希腊人还是野蛮人,自然学(physiologia)都是一种被包裹在神话之中的关于自然的讲述,或者是一种往往被谜和神秘含义所掩盖的、与奥秘有关的神学"。[2] 不管是自然法还是自然权利,在古代都诉诸目的论的宇宙论:

---

[1] 施特劳斯,《进步还是回归?》,见《古典政治理性主义的重生》,郭振华等译,北京:华夏出版社,2011,页330。

[2] 转引自阿多《伊西斯的面纱:自然的观念史随笔》,张卜天译,上海:华东师范大学出版社,2015,页46。

古典形式的自然权利论是与一种目的论的宇宙观联系在一起的。一切自然的存在物都有其自然目的，都有其自然的命运，这就决定了什么样的运作方式对于它们是适宜的。就人而论，要以理性来分辨这些运作方式，理性会判定，最终按照人的自然目的，什么东西本然地（by nature）就是对的。①

即便在基督教统治世界的时代，人们也把自然法等同于上帝对亚当所颁布的神法，也就是"人类普遍而原始之法"，因为自然法归根结底乃是"上帝的天命"。②

上帝的天命就包括"正确的理性"，换言之，神明在赐予"法"的同时，还赐予了理性来认识这种法，因为由神法、永恒法、不成文法所孕育而成的自然法归根结底乃是"正确理性"的产物。但也仅限于此，理性不是"法"或"物"的最高原因，理性虽然可以上天入海，堪与星辰比高，引导我们在宇宙中自由地翱翔，但也有其自身的局限。理性只是一种论证能力，如果缺乏正确的观念，理性也毫无用处。如果理性以虚妄和错误的原则为出发点，那么，理性没有能力清除其中所发生的困难，而且愈往下追求，理性愈使人陷于迷惑与混乱。理性这种能力并没有给我们制定任何实际的法律，而自然法所依赖的所谓"正确的理性"本身也并不能成就任何事情。③

与仰赖理性同时又深知理性之危害的古典自然法不同，现代自然法"砍掉自然神论头颅"（海涅语）之后，只能

---

① 施特劳斯，《自然权利与历史》，页8。
② 登特列夫，《自然法》，页37。
③ 洛克，《人类理解论》，页681-682；另参巴克勒，《自然法与财产权理论》，页131。

退而求其次把自然法乃至整个精神世界的一切都完全交付给理性——杀死上帝的目的也许恰恰就是让人类的理性能够取而代之。理性对古代"迷信"的克服最终又让自己变成新的迷信：理性启蒙对宗教迷信的革命最终成了一种新的"为避免迷信而产生的迷信"（superstition in avoiding superstition）。① 殊不知，"有些人为了逃避迷信（deisidaimonian），又掉进了粗鄙而顽劣的无神论之中，最终越过了位于中间地带的虔信（eusebeian）"。② 随着近代实验科学的不断成功，人类思想愈发走向机械论、技术论和自然论，施特劳斯这样描述现代理性主义："启蒙运动的意图是通过否定（或限制）超自然以复原自然，但结果却发现了一个新的'自然'基础，这个基础完全缺乏自然性，反倒像是'超自然'之残余。"③ 现代自然法正是以这种毫无自然性的自然为基础，难免导致自然法本身的崩溃："在理性主义时代，不管是出于保守的目的还是出于革命的目的，法学家和哲学家都滥用了自然法概念。他们对自然法作出了过分简化和武断的处理，以至于在今天一旦使用这一概念，就很难不招致某些人的猜忌和怀疑。"④ 自然法在现代社会中的繁荣实则是对自然法概念的"滥用"，自然法成了一种假说，再也不是一种指导行动的理论，而更多的是思辨信

---

① 培根，《培根随笔集》，曹明伦译，北京：人民文学出版社，2006，页 54。
② 普鲁塔克《伦语》171f，见《道德论丛》，席代岳译，长春：吉林出版集团，2015，卷一，页 375（Leob 本，卷二，页 494）。我们既不能为迷信所吞噬，也不能跌进无神论的深渊（《道德论丛》，卷二，页 871）。
③ 施特劳斯，《哲学与律法》，黄瑞成译，北京：华夏出版社，2012，页 7 注释。
④ 马里旦，《自然法：理论与实践的反思》，页 48。

仰的一个信条!①

所以，尽管我们无论把赫拉克利特还是柏拉图抑或亚里士多德视为"自然法之父"，古典自然法理论家从来不把任何人（哪怕是圣哲）的理性当做最终的根源。施特劳斯素来以"柏拉图式政治哲学"的崇拜者自居，但他从来没有把柏拉图思想当做最高理论，他说："通过准确的来源分析，将这种学说稳妥地追溯到柏拉图哲学是不够的，相反，必须转而把握这种学说源出于柏拉图哲学的可能性。"接下来施特劳斯明确地阐述了这个"更高视角"，即"只可能源出于神圣"，因为"神法的观念，就是追寻到的最高视角"。而柏拉图哲学最多只是在没有启示的情况下对启示的靠近，他试图用哲学的方式来理解启示或神法："在这种没有启示引导的对启示的接近中，我们经验到了对启示信仰的无信仰的、哲学奠基之开端。"②

虽然在西塞罗那里已经出现了神法与自然法的分离，但二者并未渐行渐远。到了近代，霍布斯强调 ius 和 lex 的分别（《利维坦》1.14），就让自然权利与自然法分道扬镳，自然法无非自然权利的理论保障，甚至在实质性的自然法理论式微之后，表面上人们还在大谈特谈自然法，实际上谈论的已经是自然权利了。自然法走向自然权利，ius naturale［自然权利］取代 lex naturalis［自然法］，人义论取得了最终的胜利。美国和法国大革命之后，人们干脆撕掉了自然法这块遮羞布，直接诉诸自然权利。其中，自我

---

① 梅因，《古代法》，页49。
② 施特劳斯，《哲学与律法》，页57。

保全的权利变成自然法无条件和绝对的基础①——思想品质堕落如斯！正如帕斯卡尔所说："毫无疑问自然法是有的，然而这种美好的理智一腐化，就腐化了一切。"②

理智腐化的结果或表现，就是"法"变成"权利"，"自然"变成"世界"和"资源"；一旦理性自然法受到全面质疑，整个思想世界就会陷入新的怀疑主义、历史主义和虚无主义之中，又需要"新的新自然法"之崛起来补救。

在众多权利中，理性发现自己最大的或最神圣的权利，就在于不再匍匐膜拜"宇宙"之下，而是站起身来"统治自然"！培根兴高采烈地宣布："我们只管让人类恢复那种由神所遗赠、为其所固有的对于自然的权利，并赋以一种权力；至于如何运用，自有健全的理性和真正的宗教来加以管理。"③ 培根所说的重点在于，统治自然乃是神明赋予我们的神圣权利，最终这种权利变成可以随意宰制自然的权力。他所说的"真正的宗教"，其实指的是以理性哲学为主体的新的"公民宗教"。同样，笛卡尔也把理性抬高到无以复加的地步，其目的在于"就可以因势利导，充分利用这些力量，成为支配自然界的主人翁了"。④ 康德更是沉着冷静而又残酷地"拷问自然"和"逼迫自然"，最后"为自然立法"，甚至说这种权利乃是神圣不可侵犯的（《纯粹

---

① 施特劳斯，《自然权利与历史》，页 185。具体见霍布斯，《论公民》，页 8、15。
② 帕斯卡尔，《思想录》294 节，何兆武译，北京：商务印书馆，1985，页 138。
③ 培根，《新工具》，许宝骙译，北京：商务印书馆，1984，页 104。
④ 笛卡尔，《谈谈方法》，王太庆译，北京：商务印书馆，2000，页 49。

理性批判》B780）。曾经作为人类生养和教化之母的"自然"，现在成了被随意攫取和蹂躏的对象——人类的这种自以为是已经给自己带来了不可逆转的伤害。

自然法本身就处在"永恒的循环"或转型中，正如罗门所说："不管什么时候，只要人的心灵厌倦了对于单纯事实不满意的追寻，而在此转向形而上学这'诸学科之女王'，自然法就总是返回到法学中。"① 但我们对此远没有他那样乐观，因为自然法在历史上的多次"复兴"并不是尼采意义上的"永恒轮回"（ewige Wiederkehr），而是施米特意义上的"每况愈下"（absinkende）。现代自然法的复兴如果没有充分意识到其自身的问题，或许终归是一场自我解构的游戏。而这场游戏连带着现时代的相对主义、犬儒主义、历史主义、怀疑主义和虚无主义，一起奏响了人类精神的丧钟。在这种情况下，重新审视古典自然法观念，未必就能够解决多大的问题，但至少可以暂时打破"永恒轮回"的魔咒，让自然法真正回到宇宙论意义的"自然"之上来，如此，治疗、救赎或另辟蹊径才得以可能。

附：自然法何以古典？

自然法本为西方古代和近代最为重要的思想基础，但随着19世纪"科学主义"及其理论变种"实证主义"的兴起而走向衰落。近半个世纪以来，西方在前所未有的思想危机、政治灾难和各种具体问题的刺激下，逐渐复兴了

---

① 罗门，《自然法的观念史和哲学》，页28-29。他这本书的德文原版就叫 Die ewige Wiederkehr des Naturrechts（Leipzig: Verlag Jakob Hegner, 1936），直译应为"自然法的永恒轮回"。

自然法理论，以此全面反思文明的本质，审查现代性的功过，调适日益尖锐的现实冲突，为全球一体化提供更为稳妥的理论基础，取得了不菲的成就。在这样的大趋势下，中国学界也加入了这场思想大合唱，自然法同样成了我们的"显学"。但东西方颇为青睐的自然法更多的是一种现代理论，我们用这种本质上现代性的思维方式能否解决现代性的问题，还是一个未知数。

古代的自然法当然不是直接可以服用的灵丹妙药，但因为它经历了数千年的积累和发展，具有深刻的历史经验，也许它能够同时在理论和现实两个方面为当前十分棘手的问题提供一些借鉴。那么，古典自然法究竟有什么独特的地方？

首先，地位崇高。

在古代，自然法是一切现实法律法规、政治制度和文教措施的基础，因此享有极为崇高的地位。与此相比，自然法在现代世界仅仅是实证法的补充，两者甚至在具体的讨论中往往还能相提并论，因此，自然法在现代思想体系中基本上已经下降为一种较为高级和精巧的实证法，"其实并不是自然法的理念本身"（罗门）。

人们在漫长的古代所说的"法"，乃是不容怀疑和否认的根本规则，也就是天地大法。西方法律女神"忒弥斯"（Themis）就代表着这种崇高的理想，她不是造物主，却是所有规范的制定者——在古希腊语中，"神"（theos）这个词的本义就是"制定"（tithemi），就是"忒弥斯"。忒弥斯本为最早的神盖娅（大地母亲）的女儿，可谓十分古老，地位当然非同寻常。

实际上，所谓"古典"（classicus），在 17 世纪初期以前，一直都不是一个时间概念，而是对品质的描述，原先指"一级公民"或最高等级（class）的公民，转而指"头等的""一流的"。古典自然法，当然就是最高意义上合于自然的法律，乃是人世的典范或圭臬。

其次，来源神圣。

虽然自然法是以"神法"的反动者面目出现的，但它归根结底来自神法，因而与神法保持着密切的生成关系。自然法的地位虽然低于神法和永恒法，却直接来自后面两种神圣的法律，更是它们的必要补充。在古典世界，自然法乃是最高的法律，因此它对于凡夫俗子来说几乎就等于神法，至少是神法和永恒法在人世的"流溢"或"外化"。当然，尽管自然法无限接近于神法，两者却并不能简单等同。

经验世界的一切都是有限、易变、含混而复杂的，不足以成为如此神圣的自然法之基础，只有绝对完满的永恒法和神法，才有资格为次一级的自然法奠基。简单地说，永恒法镌刻在人的灵魂中，结果就是自然法（奥古斯丁）。人类凭借理性参与到永恒法之中，也就分享到了其中的神圣性，由此产生一种自然的倾向以从事适当的行动，完成神圣的目标，这就是古典自然法的本质（阿奎那）。

古典世界的人们有着浓厚的信仰，相信神明的存在，服从神意的管理和安排，当然就会把人世的一切安放在神法之上。与此相对，现代人破除了自然神论，杀死神以自代，则只能把自然法的基础或来源设定为"理性"。但理性这种看似无所不能的东西本质上不过是一种认知能力，既谈不上神圣，也谈不上稳靠。古典自然法也讲"理性"，但理性的含义与现代人所理解的大相径庭，而且理性在古典自然法中的地位并不高，因为真正决定自然法的合法性的，是更为神圣的存在。

再次，具有哲学支撑。

古典自然法不仅以神学为基石，更有哲学体系为其强大的后盾，而且这种哲学并非某派别的一家之言，更不是某种思辨的游戏，而是"永恒哲学"（philosophia perennis），因此它是自然法的家园和避难所。与此相对，现代人因不再相信"永恒"，便把自然法的大厦建立在"公意"或"普遍同意"之上，丝毫谈不上稳定，更远远说不上"恒常"，因为真理不是靠"公投"来生产和认定的。现代人的心灵普遍无家可归，精神上的虚无幻灭，伦理政治上的凌迟板荡，大概都由于理论支柱的脆弱。

在学理上支撑古典自然法的，就是被现代人误以为陈旧、幼稚甚至错误的"宇宙论"。现代自然法以"本体论"为基础，好像它比"宇宙论"更为"进步"，实际上可能正好相反，因为具有神性的"宇宙"才是真正的"自然"，才是自然法的源泉。宇宙论不是一种物理学说，而是"天道观"。古代的"自然"或"宇宙"本身就具有人格特征，有喜怒哀乐，有意志和目的，尤其重要的是，自然或宇宙乃是神明所安排或创造。

人类在宇宙论加持下的自然法之中，见天下之动，观其会通，行其典礼，知幽明之故和死生之说，承百代先民之思考，成万代后世之典范，远取近譬，道济天下。所以，这种宇宙论的意义就在于俯仰天地之间，采撷天道消息，以为人世法则。无言之天"生而不有，为而不恃，长而不宰"（《道德经》51章），故大德曰生。"然则奚以为治法而可？故曰：莫若法天。天之行广而无私，其施厚而不德，其明久而不衰，故圣王法之。既以天为法，动作有为，必度于天。天之所欲则为之，天所不欲则止。"（《墨子·法仪第四》）老子亦曰"道法自然"（《道德经》25章），因为"天乃道，道乃久"（16章），故而后人有"法天立道"之说（董仲舒《天人三策》），这就是古典自然法最经典的表达。

最后，以义务为中心。

自然法（lex naturalis）理论在后来的发展历程中，逐渐变成自然权利（ius naturale）。今天人们大谈自然法，其实是在主张自然权利。但古典自然法却是以义务为中心，因为这是天道和神法的要求。"义务"本身蕴含着"正确""合宜"和"应当"之意，所以，义务不仅是高尚的（honestum），而且是令人愉快的，就在于它是人类自我成就和自我完善的必经之途。古代自然法以义务为核心，实际上就是以"德性"为导向，而现代自然法以权利为目标，故而过分强调"自由"。现代人也还在谈义务，但它最多是权利的点缀，因而权利才是绝对的，而义务反而变得有限。

权利义务观上的"古今之变"表现在："由自然义务为取向转到以自然权利为取向的根本性变化"的结果在于，"使一项无条件的自然权利成为一切自然义务的基础，因而义务就不过是有条件的"（施特劳斯）。现代人过度强调权利，就忽视了自己应该做的即义务，而后者才是前者的前提。也就是说，本来只有充分尽到了自己的义务，才有资格谈权利，但现代自然法完全不承认这个简单而朴素的道理，归根结底陷入了"自我中心主义"，结果就会导致德性沦丧、社会关系紧张，最终会严重危及生活共同体——当今的各种危机即由此而来。所以，重新审视古典自然法观念，虽然不能从根本上解决当前的问题，但至少可以提供一个有益的思路或视角，让自然法重新回到宇宙论意义的"自然"的基石上，让"实然"回到"应然"的轨道上来，未来才有希望。

论自然权利的不完备性

作为近世西方现代法律基础的 natural rights［自然权利］，在汉语中往往译为"天赋权利"。但这显然是错误的翻译，因为它基于错误的理解，不了解它的来龙去脉，不懂得这个曾经神圣而辉煌的概念的有效成分在今天其实已所剩无几。相反，这个拥有虚假光环的字眼已经变成了暴力的帮凶，推动着世界性虚无主义不断前行，凭借科技、工业和资本的强大力量裹挟着人类逐渐走向深渊。我们并不否认自然权利对现代社会的奠基性意义，但我们目前可能更需要看到它的不完备性。

一 来源上的阙如

中文所谓"天赋权利"，实际上已经预设了权利的来源，即"天"。我们这些凡夫俗子虽是权利的主体，但我们的权利是由一个超越于我们之上的更高主体所赋予的。不过，近代西方人所高扬的自然权利（natural rights）并没有这样的内涵，恰恰相反，它正是对"天赋"或"神授"的反抗。正如何兆武先生所说："天赋人权"乃是错误的译法，因为""天赋人权'的'天赋'一词，原文为'自然的'，'天赋人权'原文是'自然的权利'。中国翻译把它翻回去时，却改作 by Heaven（由'天'所赋），意思恰好弄反了。"① 尽管中文的"天赋"与"天生"或"天然"义近，但那与西方的 natural right（请注意，这里是单数）一样，无疑是一种古典的思路——古代只有"自然正确"或"自然正当"（natural right, dike physeos）的说法，他们相信世界上有某种凭其自身就天然（by nature）值得追求的美好品质；而"自然权利"（natural rights）乃是现代人的发明。② 所以，把 natural rights 译作"天赋权利"，看似只是文化交流过程中的过分"归化"，实则南辕北辙的巨大错误。③ 换言之，古代只有"自然法"理论，没有"自然权利"之说，因为古人知道，人乃是有限的存在（limited being），必须法天而行，以超验的存在为人世言行的归依。

但无论是 1789 年的《人权宣言》还是 1948 年的《世界人权宣言》，都没有"上帝""神"或"天"的字样，而是直接提出了"权利"之说，未经阐释，也未加以说明，仿佛它对每一个人都是自明的。而且颇为奇妙的是，人类历史上这些最重要的文件都是大量使用"被动态"来撰写的，比如《世界人权宣言》第一条中的 they are endowed with reason and conscience，中译文改成了主动语态："他们赋有理性和良心。"但 endowed 本义是"被赋予"。我们会问：被谁赋予？文件中多次出现的 entitled［有权、有资格］也同样是含混的，这种被动态或分词巧妙绕开了主语或主体为"谁"的问题，悬置了权利的授予者，从而让

---

① 何兆武，"修订第三版前言"，见卢梭，《社会契约论》，何兆武译，北京：商务印书馆，2003，页 5。
② 施特劳斯，《自然权利与历史》，页 8。
③ 参张永和，《权利的由来》，北京：中国检察出版社，2001，页 154-155。

"自然权利"成为无源之水。

在《独立宣言》中，美国国父们明确地把民族之间的关系或状况归为"自然法和自然之神"所赋予（entitle），而且人们又被"造物主"赋予了（endowed）某些不可剥夺的权利。且不说"自然法"排在最前面，至少"自然之神"（Nature's God）这个说法已经大大降低了神的地位，也大幅度剥夺了神明的管辖范围。《人权宣言》中虽然也提到了"最高的存在者"（l'Etre suprême），但它不是真正意义上的"神"，与权利的产生及其性质没有丝毫的关系，不过是《宣言》的序言末尾才出现的见证者，最多只是被祈祷的对象，恐怕还不如中国古代祭祀中的"尸"。

法律学者们，比如格劳秀斯、塞尔登、霍布斯、潘恩等人，没有明目张胆否认权利有一个超越性的来源，甚至还明确地把这个源泉归于"上帝"。但这个"上帝"已经没有实际意义，只是一个精巧的摆设，充其量是"理论假设"而已，[①] 一旦由此演绎出完整的权利体系，这个"假设"也就可有可无了。实际上，现代自然法和自然权利理论的基石不再是上帝，而是理性，人们追求的是在理性的绝对自主性中建立起世俗生活的一切方面。思辨理性从其自身之中"推导出表现为公理形态的一切法律，一切道德，一切正当。事实上，即便没有上帝，这也成立"。[②] 这时，"上帝"即便不是理论家的自欺欺人，也显得多余：即使我

[①] 莱布尼茨，《神义论》，朱雁冰译，北京：生活·读书·新知三联书店，2007，页31、133、178。另参凯恩斯，《莱布尼茨的法学理论》，尹亚军译，见吴彦、杨天江编《自然法：古今之变》，上海：华东师范大学出版社，2018，页113。另见登特列夫，《自然法》，页59-60。

[②] 罗门，《自然法的观念史和哲学》，页70。

们否认上帝的存在或者说上帝与人类事务无关，这显得太大逆不道，但人类社会的法则仍然有效。①

那么，自然权利的新基础是否靠得住呢？《独立宣言》谈到有关权利真理的所谓"自明"（self-evident），本身就是"理性"的特质，但这个"自明"又何以得到保证呢？《世界人权宣言》第一条说"他们赋有理性和良心"，仿佛"权利"就是来自"理性"，殊不知在被动句式中的"理性"本身还是被赋予的。无论我们如何理解"理性"，比如把它普遍化为所有人的存在特性，甚至进一步把它神圣化为上帝的赐予，它归根结底都是"属人的"（humanae），本身并不能自我担保其合法性。相反，"在康德的法庭上，理性担当的角色不少于五种。它既是被告，也是起诉人和辩护人，而且首先是法官，此外它还颁布法官据以判案的法律本身"。② 看来，理性完全无法胜任自然权利新基石的工作，自身还存在着根本性的理论困难。

既然上帝已死，理性又靠不住，我们还有什么办法论证自然权利的合法性呢？《独立宣言》诉诸对"人类意见"（the opinions of mankind）的尊重以及"被统治者的同意"（the consent of the governed），而《世界人权宣言》则寄希望于"普遍和有效的承认和遵行"（universal and effective recognition and observance），实际上就让自然权利的标准进一步降低，走向了现代"意志论"的"普遍同意"或"共

---

① F. Suarez, *A Treatise on the Laws and God the Lawgiver*, In *Selections from Three Works of Francisco Suarez*, Trans. by G. L. Williams et al, OXford: Clarendon Press, 1944, p. 190。格劳秀斯，《战争与和平法》，马呈元译，北京：中国政法大学出版社，2015，卷一，页6。

② 赫费，《康德的〈纯粹理性批判〉——现代哲学的基石》，郭大为译，北京：人民出版社，2008，页26。

通的同意"。① 这也是现代"契约论"兴起的隐秘原因：契约（agreement）就是同意（agree）的结果。而看起来古雅的contract，来自拉丁语contractus，其意不过是"共同订立"而已。这也是现代"民主"思想成为政治正确的意识形态的根本原因：民主无非就是讨价还价后的妥协和同意。至于其美丑善恶，似乎已不再考虑之列，人类命运完全交给不大靠得住的人性了。②

神、天、自然等超验的存在已不再是自然权利的来源，而理性本身无法承担起为自然权利奠基的工作。至于"普遍同意"，与其说赋予自然权利以"公意"或"共同意志"，不如说它让自然权利变得模糊、混乱甚至矛盾起来，毕竟人类民主史上多次发生人们普遍同意政府剥夺自己自然权利的悲剧。人们普遍同意的，往往是让渡自己的权利，而据说这种顺服才是自己真正的权利（详后）！正是这种普遍同意催生了现代的"主权"（sovereignty）概念，不仅没有给自然权利带来福音，反而造成了惨重的人道主义灾难。

二　内容上的空无

近代唯名论和实在论的冲突以前者的胜利告终，其结果就是"上帝的意志"取代了外在的客观法则。又随着信仰的崩溃，"意志"的主体从"上帝"成了"人"，主体性（实则为主观性）原则就是自然权利唯一可以依靠的理论基

---

① 霍布斯，《利维坦》，页279，另参页62、135、212、235、270、377。洛克，《政府论下篇》，叶启芳、瞿菊农译，北京：商务印书馆，1982，页59—64。

② M. C. Murphy, *Natural Law in Jurisprudence and Politics*, Cambridge: Cambridge University Press, 2006, pp. 91ff.

础。结果，人的存在本身成了权利的本体论依据，正如潘恩所说，"天赋权利就是人在生存方面所具有的权利。其中包括所有智能上的权利，或是思想上的权利，还包括所有那些不妨碍别人的天赋权利而为自己谋求安乐的权利"①。

把权利的基础建立在"存在"（being）之上，这本身具有一定的合理性，在古代也能找到更为深刻的佐证。古希腊人用 exousia 表示"特权"或"权利"，该词的前缀 ex-表示"从……而来"，词干 ousia 即"存在"或"本质"。exousia 的字面意思即是说，"权利"乃是"从存在本身而来"，凡存在者都有绝对的存在权利——这大概也是现代"生存权"的思想来源。但像潘恩一样，把自然权利限定在"人的存在"（existence）上，就严重走样了。

首先，"权利"不再是所有"存在者"的存在论依据，而仅仅是"人"这种特殊存在者一家独享的"特权"。

正如格劳秀斯所说，人有理性和社会性，高于其他所有存在物，因而无论是"法律"还是"权利"（ius），都与人（persona）相关，并且附属于人，权利（ius）无非为了人能够正当地（iuste）拥有某物或实施某事保驾护航。② 这时，自然法与人法的关系就完全颠倒过来，现在的理论认为"人性本身就是自然法之母"，一切都完全依赖于人类的意志。③

---

① 潘恩，《人权论》，见《潘恩选集》，马清槐等译，北京：商务印书馆，1981，页142。

② 格劳秀斯，《战争与和平法》，页33。

③ 同上，页8、38。另参霍布斯，《法律要义》，张书友译，北京：中国法制出版社，2010，页88。斯宾诺莎，《神学政治论》，温锡增译，北京：商务印书馆，1963，页69。这种看法似乎在古罗马就开始了，见西塞罗，《论法律》，页31。F. Suarez, *Selections from Three Works of Francisco Suarez*, p. 185.

这看起来极力高扬了人的地位,康德"人为自然立法"的口号更进一步把凡人打造成了神。但这种过分的拔高反而会损害人的主体性,也会让"自然权利"突破自身的限度而归于虚无。

自然法降格为万民法,而万民法的本质则是人法,于是人法成了新时代的自然法,[1] 表面看来这似乎是"人"的胜利。但如果我们仅仅把"自然权利"限定在"人"身上,无疑太过狭窄。"自然权利"的内涵已经变成"人的自然权利",其实质则是"人的权利"。在这个隐秘的转换过程中,"自然"消失了,因而"自然权利"其实已经名存实亡,哪怕它还保留了看似神圣的"自然"字样。更何况"自然"已从"母亲"的地位下降成了"仆人",成了无生命的"资源",甚至是暴烈而不可控力量的代名词。在这种情况下谈论"自然权利",显然是一种自我否定。

其次,"权利"仅仅关乎"生存",也就是"自保",而不再关涉"存在",即全面而丰富的天性或自然的自我实现,更与共同体的利益无关。

潘恩所谓"自然权利就是人的生存方面所具有的权利",是把自然权利缩减为人的"生存"(existence),而不是古代更为普遍的"存在"(being)。在这样的思维方式中,人的个体性自我保存就成了自然权利的第一甚至唯一的内容,其余如财产和自由等等,不过是"自保"的附属品而已。"自我保存"乃是自然教导万物的一般原则,或曰

---

[1] Richard Bauman. *Human Rights in Ancient Rome*, London: Routledge, 1999, p. 29.

"第一自然法",它甚至是上帝赋予造物的根本愿望。① 自然权利的这条根本原则实际上不仅是自我意志的实现,更是欲望的合法放纵,因为"自然权利是做无论何种能够保卫自己或取悦自己的事情的完全而普遍的自由。因为欲望是基本的、原初的和自然的,欲望指派我们去满足它们"。② 其核心便是占有:如果能够欲求,就可以占有和享用,这就是自然权利!

"自保"当然是"存在"的第一要义,古人也并不否认这一点,比如在亚里士多德那里,"保存"本身就是善,而毁灭则是恶。③ 但古人对"自保"的认可,并不表明他们把这一点放到至高无上的地位。恰恰相反,在他们看来,"自保"是最初级的权利(更是为了更高目标而必须尽的义务),它本身不是目的,只是"保护他人"的基础。公共利益或"利他"才(应该)是我们争取权利所应该追求的高尚目标,④ 否则,人与禽兽就没有区别了。从这一点

---

① 霍布斯,《利维坦》,页97;《法律要义》,页81、92。洛克,《政府论上篇》,页74—76,《政府论下篇》,页12—13。普芬道夫,《人和公民的自然法义务》,页59、76。孟德斯鸠,《论法的精神》,许明龙译,北京:商务印书馆,2009,页10。

② 参塔克,《自然权利诸理论:起源与发展》,杨利敏、朱圣刚译,长春:吉林出版集团,2014,页165。另参斯宾诺莎,《神学政治论》,页16、213、259。

③ 亚里士多德《政治学》1261b、1288b、1307b。另参柏拉图《理想国》608e。西塞罗《论义务》1.11,《善恶的目标》3.16、3.20、3.62、4.16、4.25、4.27、4.34、4.41、5.24、5.26、5.37、5.41。另参格劳秀斯,《战争与和平法》,页55。

④ 西塞罗,《论义务》,王焕生译,北京:中国政法大学出版社,1999,页14、29、31、153、191等。塞涅卡,《道德和政治论文集》,袁瑜琤译,北京大学出版社,2010,页183。

来看，现代自然权利理论的内容仅仅停留在存在论的低级阶段，仅仅是初级的第一冲动，离"至善"（summum bonum）尚有万里之遥，归根结底在于现代人忘记了人的社会本能（appetitus societatis）。[1]

最后，"自然权利"（natural rights）不再是"正确"（right）的产物，而仅仅是"能力"（facultas）的结果，但人的能力并不能确保其言行之内容的可靠性。

"自然权利"来自"自然法"，而"自然法"在遥远的古代就是"自然正确"（natural right）——理论上的这种诡异变化完全由 ius 一词含混的意思所造成，ius 除了指（广义的）"法律"以外，还指"权利"。而在古希腊，真正表达"权利"的词是 dike，本身已自带明确的内容，即"正确的行为"，因此它还有一个更重要的含义——"正义"。更不用说，在最原初的语境即神话中，"权利"或"正义"（dike）乃是天地大法（Themis）的女儿，其内涵远远超出"正确"的范围。

在中世纪以及近代的法学理论中，权利（ius）是一种处分性的权力或能力。苏亚雷斯说，"权利"就是"道德能力"（facultas moralis），针对的是自己的财产，拥有者对

---

[1] 格劳秀斯，《战争与和平法》，页 4。这里译作"社会生活的迫切愿望"的原文就是 appetitus societatis（社会欲望，社会本能）。由此可见格劳秀斯还在传统思想世界中，见罗门，《自然法的观念史和哲学》，页 65；Benjamin Straumann, *Roman law in the State of Nature: The Classical Foundations of Hugo Grotius' Natural Law*, Trans. B. Cooper, Cambridge University Press, 2015, p. 90。

属于自己东西的行为能力既是"美德",也是"正义"。①而在古代,比如在西塞罗那里,"能力"不是为了确保"利己",而是为了让人们相互更紧密地联系,也就是"为公"和"利他"。② 但现在,攫取、占有以及保护自己占有物的"能力"成了"美德"和权利。不过,"能力"或"资格"丝毫不能保证"正确",因为我们即便对子女、奴隶、金钱拥有绝对的"权利",大多数人其实都不知道如何对待自己的"所有物"(更何况子女不能视为自己的财产),更不知道如何"利用"所有物来做什么事情。总之,自然权利的"正确性"丝毫得不到保障,也没有值得我们拼死捍卫的积极内容。

三 形式上的片面

"自然权利"在形式上的片面性也能佐证其内容上的贫乏,还能帮助我们清楚认识其本质。"自然权利"形式上的片面性包括内外两个方面,既指其外在的自我绝对化,也包括其内在的形式单一性,而正是这种绝对化和单一性造成了"自然权利"本身的消亡——这种干掉其对立面而一家独大的做法终归会危及自身。权利和义务在现代社会的颠倒,让自然权利走向了异化。

"权利"的不断扩张逐渐导致"义务"的消失,最终形成"唯权利论"的单向度思维方式。一般说来,现代社

---

① F. Suarez. *Selections from Three Works of Francisco Suarez*, p. 30。苏亚雷斯以为自己在谈"法律",实际上已经是在谈"权利"了。另参塔克,《自然权利诸理论》,页 80-81。菲尼斯,《自然法与自然权利》,北京:中国政法大学出版社,2005,页 166-167。

② 西塞罗,《论义务》,页 23,另参页 143、265、269 等。

会以"权利"为基础或导向,相反,古代社会的着重点是"义务"。① 这种笼统的说法必然招致反对,因为权利和义务从来就是不可分割的两个政法要素。② 但现代人过分强调"权利"的自然性(即现代语境中的神圣性),的确让"义务"不断萎缩,日渐远离我们的关注,进而有"灭绝"之虞。

诚然,现代人,比如苏亚雷斯,并没有完全丢弃"义务",但这时的"义务"已不再是古代有着高尚内涵的 officium[职分],而仅仅表示消极的被迫要求。古代的"义务"本身蕴含着"正确""合宜"和"应当",但苏亚雷斯和普芬道夫等人所谓的强制性"义务"或"本能性的自然责任"(intrinsic natural obligation)最多只是捍卫属于自己的东西,③ 不再是每个人都必须并且乐于从事的愉快目标。义务之所以谈得上"愉快",就在于它是人类自我成就和自我完善的必经之路,而不是不得已才为之的难堪事。

现代人多多少少还在谈义务,但与权利相比,义务只是权利的点缀。比如说,在潘恩看来,义务不是无数的收税关卡,而是简单明了的两点:尊敬上帝,礼待邻居。相反,自然权利却是绝对的,而且人具有完全且充分行使这种权利的能力。④ 在《世界人权宣言》中,则几乎看不到

---

① R. Lamb, *Thomas Paine and the Idea of Human Rights*, Cambridge: Cambridge University Press, 2015, pp. 29-30.

② 张永和以"赠与"为例,认为权利与义务有时可以分离,但这种行为是否牵涉到权利与义务,还可讨论,见《权利的由来》,页 313。

③ F. Suarez, *Selections from Three Works of Francisco Suarez*, p. 225。"自然责任"还不是"自然义务"。

④ 潘恩,《潘恩选集》,页 142-143。

"义务"，也见不到"正义"之类的更高诉求，而正义在古代却是至高的要求。①"由自然义务为取向转到以自然权利为取向的根本性变化"的结果在于"使一项无条件的自然权利成为一切自然义务的基础，因而义务就不过是有条件的"。② 现代有绝对的权利，却没有绝对的义务。

更有甚者，极为有限的义务讨论也只是为权利背书而已。现代义务论的根本内容在于遵守法律，而法律又只是统治者的意志，那么，"义务"只能是被统治者对"权力"的顺从，③ 由权利而来的权力或权威代替了自然法，成了至高无上的正确标准。现代自然法或自然权利的目的之一，就是要磨掉公民的棱角，使之成为合群的顺民。④"在霍布斯手里，十分悖谬的是，自然法成为一种无用之法，被压缩为关于顺服的社会与治理契约的法律形态"，⑤ 这恰恰是权利的反动。本来，只有正确的东西才具有权利，而不是相反。但现代人则认为，只要有权利，或者只要在权利范围内做的事情，就一定正确。这在逻辑上不能成立，事实上也非常有害，它只会鼓励自私自利的道德观，也会造就原子式的个人主义。

义务是对自己的要求，权利是对别人的主张。古代以义务为核心，因而也就是以德性为指向（virtue-oriented）。现代人以权利为圭臬，实际上是以个人的自由为最高目标，但自由并不是主要德性（cardinal virtues）之一。"权利"

---

① 亚里士多德，《尼各马可伦理学》，页129；阿奎那，《论法律》，页66。
② 施特劳斯，《自然权利与历史》，页186。
③ 普芬道夫，《人和公民的自然法义务》，页54-57。
④ 霍布斯，《论公民》，页31。
⑤ 罗门，《自然法的观念史和哲学》，页78。

这种"运用天赋之能的无瑕自由"不过是为了"竭尽所能以保命安身",① 似乎可以不顾一切,因而与道德无关——现代人的道德困境即由此而来,无论有多少再精致不过的"德性伦理学",都无法拯救现代思想对德性的根本偏离。

所有的权利都是自然权利,都是由个人的自然权力（natural individual power）所支持的。② 而自然权利实际上就是自由地拥有和处分其所有物的正当资格,其关键在于"拥有""统治"和"处置"的"权力"（power）。在文艺复兴时期之后,ius［法律、权利］更多地指 dominium［所有权、统治权］,其本质就在于可以随意处置,包括对自有物、对他人乃至对自然的自由处理。由自然赋予的权利,最终目的却是"统治",包括统治自然——这大概是 ius 内涵最彻底的异化,也是对"自然"本身最辛辣的反讽！

这种以财产权或所有权（dominium）为基础的权利,核心在于控制（domination）,当然也包括对他人的控制。颇为奇特的是,自然权利既为绝对主义（尤其绝对王权）作出了合理的说明,也为帝国主义开辟了道路,同时也给"民主"之类的意识形态输出准备好了发射架,也给掠夺性的"自由经济"打开了方便之门。"自由"与"控制"看起来凿枘不入,因为两者有着不同的对象,自由是针对自己而言,控制是针对他人而言。但是自由与控制实际上如影随形。

在近代早期,对于尚未开发的土地,发现、占有、使

---

① 霍布斯,《法律要义》,页76。另参格劳秀斯,《战争与和平法》,页34。

② Thomas Paine, "Letter to Jefferson," In *Rights of Man, Common Sense, and other Political Writings*, Oxford University Press, 1995, p. 81。另参《潘恩选集》,页143。

用、转让的"自由"就成了"国际法"的基石。甚至重新占领和殖民已经有人居住的地方及其人民，也可以借"自由"的名义而取得合法性。①"自然权利"理论最大的贡献在于为现代国际法奠基，也为殖民战争找到足够的合理性。② 在国际格局相对稳定的形势下，自然权利又成了资本向外扩张的"自由工具"，也就是政治、经济、文化方面"控制"（即殖民）的堂皇借口。因为，权利的本质就是要让别人尽义务。③

在帝国主义瓜分世界狂潮中，理论家们有时甚至连"自然权利"都懒得谈，只谈"能力"即"力量"，因为自然权利本来就主张"其所欲及所能者，皆可为所欲为，加以占有或为用益。……权与利（utile）本是一物"。④ 这就是"强权即公理"（Might is right）。自然权利以"权力"或"力量"（power）为支撑，目的是统治或控制（包括对世界的控制），背后则是利益："权利的现代词汇和文法是从正义关系的受益人的角度描述和主张某种正义关系的要求或寓意的多面工具。"⑤ 简言之，权利就是利益的借口。总之，不管现代自然权利理论内部有多少分歧，它们最终"都能维持商业资本主义的实践"，⑥ 这大概就是现代人（尤其西方人）片面强调自然权利的真实用意。

---

① 格劳秀斯，《战争与和平法》，第二卷，页79。塔克，《自然权利诸理论》，页127-130。

② 梅因，《古代法》，页55。

③ 黑格尔，《法哲学原理》，邓安庆译，北京：人民出版社，2016，页295。

④ 霍布斯，《法律要义》，页77。

⑤ 菲尼斯，《自然法与自然权利》，页165。

⑥ 塔克，《自然权利诸理论》，页148。

四 结语

现代自然权利理论有三个方面的意图：一是向宗教神学争夺凡间生活的权利，由此逐渐扩大"人"（而非神）的存在意义，以人的理性取代神性，以协商或契约代替永恒法的命令。二是向政教合一的旧制度争取君主（和人民）的世俗权利，为近代早期的绝对王权铺路，为现代的民族国家或市民国家奠定理论基础，其核心是个体权利（尤其财产权）、自由、平等的神圣性。三是为新兴的资本主义对内设置合法依据，对外找到输出的"合理"借口，也为国际资源的不断重新划分作出学术论证。

由此可见，自然权利理论为现代政治世界的形成、建立和发展立下了汗马功劳，让人的地位不断上升，让社会生活摆脱了神权的束缚，也为（资本的）"全球化"奠定了坚实的基础。公民的生存状态得到了极大的改善，社会财富大幅度增加，政治生活更加清明温和。尤其重要的是，各个国家在一体化进程中逐渐学会如何相处，国际关系尽管本质上还是以强权为依归，但我们毕竟由此而不断有了新的认识，为今后建立更恰当的权利义务观提供了或正或反的经验教训。

但我们必须同时深刻地认识到"自然权利"的片面性或不完备性：它不是"自然法"的产物，相反，它在很多方面是对自然法的背离和降格。比如说，"自保"或保护生命财产（以及所谓生存权）应该是部门法处理的对象，而自然权利或自然法本来应该思考更为根本的问题，比如正义、和谐和幸福等等。虽然《世界人权宣言》第 29 条说"人人对共同体负有义务，因为只有在社会中他的个性才可能得到自由和充分的发展"，但这个共同体已经成为个人发展的工具，而不再是个体生存的基础。而且"自由和充分"云云，也没有实质内容。《宣言》虽提到了"道德"和"普遍福利"（general welfare），但自然权利难以取得"公共的善"（common good），因为"人权"以及一般意义上的"权利"都与"公善"不相容。①

自由与权利在能力（力量）的基础上实现了统一，②看起来极大扩张了人的活动理由，但实际上是放纵了人类的欲望，最后会让人类从绝对主义走向相对主义、怀疑主义和虚无主义。自然权利理论"诱使人们误以为权利本身就是神圣的、无限的，可以不受任何客观措施的限制。人开始以此为理由，拒绝为利己性要求施加任何限制。为了伸张欲望，人开始以其他存在物的受损为代价，主张绝对的独立和绝对的权利"。③ 自然权利看似让人初步实现了"自由"，但如果缺乏必要的限制，人就不再是善的追随者，而最终成了"自我"的奴隶，实质上则是欲望的俘虏。

权利必须与义务相联，甚至以之为基础，从这个意义上说，世界上并不存在脱离义务的绝对"自然权利"。单纯抬高"自然权利"，最终会导致它的自我毁灭，人类更高的存在要求也会随之消失。如果非要谈"自然权利"，那么，我们必须首先深入研究并补充完整现代社会所需要的"自然义务"，两者的结合才是人类命运共同体的精神骨架和主体，因为人际和国际的准则毕竟不应该是自然权利所暗含的暴力性和自私性的"占有"和"控制"，而是尊重、谦让、亲睦、信任、互惠和友爱。

---

① 菲尼斯，《自然法与自然权利》，页172。
② 斯宾诺莎，《神学政治论》，页212。塔克，《自然权利诸理论》，页38。
③ 马里旦，《自然法：理论与实践的反思》，页52。

说人权内外

"人权"是现代观念,但它无疑具有久远和深刻的根源(尽管对此存在极大争议),在当前和未来也有着极为重要的意义。在漫长的古代,"人权"思想并不发达(即便并非没有"权利"观念),而它在近代却异乎寻常地占据着社会政治的主导地位,并在当代呈现出复杂的面相。我们需要思考,人权的兴衰从根本上(即"内")究竟出于何种原因,又折射出怎样的思想变局(即"外"),所有这一切都值得深入研究。

从古典政治哲学的角度来看,"人权"所表达的人类生存诉求显然太过狭隘。脱离神圣语境和义务前提来谈人权,固然可以取得一些成就,但总体而言必定得不偿失。不过,如果我们反过来以现代思想为背景去理解人权的发达史,就会看到它毕竟奠定了现代社会的秩序,更是现代社会得以诞生的必要条件,正如史学家奥拉尔所说的,《人权与公民权宣言》是"旧制度的死亡证书",[1] 当然也就是新社会的"出生证"。古今之间的争论究竟孰是孰非,很难简单判定。我们一方面需要对此保持足够清醒的态度——这才是学者应该完成的任务,另一方面也要同情地理解现实中的诸多"不得已"——这是每一个人都应该具有的理智品德,更是任何严肃批判的工作伦理。只有这样,我们才能更清

---

[1] 勒费弗尔,《法国大革命的降临》,洪庆明译,上海:上海人民出版社,2010,页114。

楚地认识到自己当前所处的"位置",从而更清醒地反思历史和规划未来。

一 人权的话语

自1789年以来,人类签署了大量有关"人权"的宣言、公约、声明,也撰写和出版了大量研究著作,还成立了相当多的社会组织,但颇为反讽的是,人权状况似乎并没有得到多少改善,反而在层出不穷的现实灾难面前显得尴尬和难堪。此外,越来越多的理论分析并没有达到统一思想、统一认识的效果,反而让本就日渐脆弱和缺乏真知灼见的思想界愈发走向撕裂,人们很难在任何问题上达成一致。人类的未来不说危如累卵,至少也在浓厚的思想迷雾和暗郁的情绪中不知所措。由此不难理解,人们为什么会怀疑"人权"的合法性,甚至讽刺"人权"的种种拙劣表演。"人权"观念在近两个多世纪波澜壮阔而又多灾多难的人类历史中,同步经受了"过山车式"的命运。

"人权"曾经如"理性"一样,乃是正确、真理、权力的象征,甚至本身就是一种咒语,仿佛一经念动,就能扫除阴霾,迎来光明。但在当前,"人权"的地位一落千丈,甚至成了广泛的人类危机的"背锅侠"。但无论我们归咎于人权理论家,还是"反身而诚"在自己身上找原因,我们可能都需要对"人权"展开全面的考察,正如杜兹纳在一本隐隐约约透露出悲凉情绪的著作中所指出的,

> 人权是后现代社会的灾难,却又是我们社会的精神动力,人权为的是实现启蒙运动提出实现自身解放的口号(按:即通过理性解放自身)。在西方社会主导

的千年里，高举"人性""权利"双面大旗进行了大大小小的战争，人们对此褒贬不一。人权被吹捧成了哲学和法理学最高尚的创举以及最好地表达了现代社会人们的普遍心声，而所有这一切都有待于后现代全球文化对其作出恰如其分的评价。①

目前的理论储备和时代精神状态似乎不足以让我们对这个悖论性的问题作出恰如其分的评价，但我们大约可以预先推想，如果不是"人权"与生俱来的"原罪"，至少也是因为其自身的某些先天不足，才让它最终不再具有实质性内涵，蜕变成空洞的"话语"，有如意识形态的口号，更似诈骗团伙的"话术"。当然，还有一种可能，那就是人类精神不断沉沦、僵化和庸俗化，不再能够承受任何伟大的东西，出现内在性的虚无，毕竟，"人权——人类的自然权利——确实是一种神圣的事物"，② 而且也是社会得以可能的基础。但问题恰恰就在于，如此伟大的"人权"为何会沦落到如此悲惨的地步，成为徒有其表的外在性话语空壳？

人权的含混

"人权"概念，无论是法语的 droits de l'homme 还是英文的 human right，自其诞生之初，就不断遭到质疑，被视为内涵含混性。正如研究希腊和中国古代（科学）思想的学者劳埃德所指出的："诚然，自从1948年《世界人权宣

---

① 杜兹纳，《人权的终结》，郭春发译，南京：江苏人民出版社，2002，页1。
② 柏克，《自由与传统》，蒋庆等译，北京：商务印书馆，2001，页101。

言》发布以来,这个概念就得到了广泛的公认。然而,对于基本权利到底应该包括哪些,显然还存在着大量的争议和混淆。"① 进言之,权利究竟是普遍的还是特殊的,人权的基础究竟在于理性还是意志抑或更高的存在,这些大问题似乎就没有统一的答案。

全世界在"人权"问题上无休无止的争吵就是最为显著的例子,而且从目前仍然较为贫瘠的人类知识水平和稀薄的善良意志及合作意愿来看,这种内耗性的争吵还会持续下去。马里旦从理论上指出了这种争吵的原因:

> 在理性的解释和论证方面,在纯理论的或理论的方面,人权问题展现了每一个人所承认的道德和形而上学(或反形而上学)确实性的全部体系。只要人们思想里的信仰或哲学缺乏一致性,解释和论证就会互相冲突。②

而人们之所以在思想信仰和哲学理念上缺乏一致性,不仅是因为观念上的差异,还可能由于问题本身的含混甚至空洞。

人们普遍认为,现代社会已经完全进入"民主"时代,也就进入了"人权"时代。但这个所谓"民主"或"人权"依然颇让人生疑,毕竟人民并不可能真正掌握什么权利,民主、权利、人权都是模棱两可的词语,甚至被人认

---

① 劳埃德,《古代世界的现代思考——透视希腊、中国的科学与文化》,钮卫星译,上海:上海科技教育出版社,2008,页180。
② 马里旦,《人和国家》,沈宗灵译,北京:中国法制出版社,2011,页67。

为是"无聊的话题"。① 早在两个世纪以前,边沁(Jeremy Bentham)这位著名的功利主义者就认为"人权"纯粹是胡言乱语,而绝对的人权则更是浮夸的胡话,因为《人权与公民权宣言》乃是"形上学的虚构",甚至是"形而上学的 ne plus ultra [无出其上者]",它要么无法理解,要么是错误的,更可能既无法理解又是错误的。②

与法国大革命同时代的保守主义者柏克之所以反对"费力制定的华而不实的人权原则",就是因为如果我们放弃天然的内心、与生俱来的情操以及所有自由且阳刚的美德,那么我们以及自己所处的社会就有可能"被挖空内脏捆绑在支架上,被全是关于人权的毫无价值的、含糊不清的烂纸屑塞满,就像博物馆里的标本鸟一样,腹内塞满了干草和破布"。③ 柏克反对法国大革命的残暴、邪恶甚至兽

---

① 齐泽克,《从民主到神圣的暴力》,见阿甘本等,《好民主,坏民主》,王文菲、沈健文译,上海:上海社会科学院出版社,2014,页220。

② Jeremy Bentham, *Rights, Representation, and Reform: Nonsense upon Stilts and Other Writings on the French Revolution*, (ed.) P. Schofield, C. Pease-Watkin, and C. Blamires, Oxford: Oxford University Press, 2002, pp.317-401。在边沁看来,权利、权力、责任和义务等等,都是一些"虚构体",见《道德与立法原理导论》,时殷弘译,北京:商务印书馆,2001,页269注释;另参《政府片论》,沈叔平等译,北京:商务印书馆,1995,页229注释。另参罗素,《西方哲学史》(卷下),马元德译,北京:商务印书馆,1976,页329。另参德沃金,《认真对待权利》,信春鹰、吴玉章译,上海:上海三联书店,2008,页2、247。边沁并不完全反对权利,只是否认权利的先验概念。见罗森鲍姆,《人权的哲学导言》,收于沈宗灵、黄枬森主编,《西方人权学说》下册,成都:四川人民出版社,1994,页36。

③ 柏克,《法国大革命反思录》,冯丽译,南昌:江西人民出版社,2015,页294、133。

性大发，主张回到西塞罗和柏拉图的古典思想中，但他并不反对人权。恰恰相反，他认为公民社会的主要责任就是维护人权，尤其要维护人们追求幸福的权利。① 柏克本人也明确地说："对真正的人权，理论上我根本不否认；实践上，我也同样不想存心加以阻止（如果我有剥夺之权的话）。在否认他们虚假的权利要求的时候，我并不打算伤害那些真正的权利——为了他们那些冒牌的权利而要将其全部毁掉的那些权利。"② 柏克只是反对"虚假的人权"或"冒牌的权利"，但既然有这样的说法，那就说明至少人权实践存在着虚假、空洞甚至错误的情形。

阿伦特认可柏克对抽象人权的批判，也清楚地看到了人权概念的内在混乱，即定义上的巨大差异。她更深刻地指出，我们虽然不能被剥夺人权，否则会成为大地上的浮渣，但实际上很多人就处于这样一种"无国籍"（statelessness）的状态，丝毫谈不上人权，因为他们根本就没有任何权利。她说："人权从未成为法律，只作为一种呼吁而多少像影子般地存在着，在个别的、例外的情况下，正常的法律机构无力应付时它才出现。"③ 对于饱受迫害的犹太人，阿伦特当然更有权利斥责人权的虚伪性，也更有资格如是控诉："'人权'对于一切与之有关的人——受害者、迫害者、旁观者——来说，成了毫无希望的理想主义和愚庸之弱者伪善的例证。"④

---

① 施特劳斯，《自然权利与历史》，页303。
② 柏克，《自由与传统》，页67。柏克，《法国大革命反思录》，页95。
③ 阿伦特，《极权主义的起源》，林骧华译，北京：生活·读书·新知三联书店，2008，页371。
④ 阿伦特，《极权主义的起源》，页359。

"人权"观念被重新解释,或者说其内涵已经发生了根本性的变化(详下),成了那些高高在上的人权保护者对无权利者的施舍,也成了意识形态的口号。人权只是一种附加的东西,因而没有权利的人依然没有权利,他们面对这样强势的人权话语别无选择,只能寄希望于极为罕见的例外情况之出现,以期从权利的大锅中分得一杯残羹冷炙。正如朗西埃所总结的:

> 对柏克与阿伦特来说,人权不是空洞就是同义反复,他们是裸人(bare man)的权利,而这裸人不属于国家共同体,所以没有权利。因而,人权要么是那些无权者的空洞权利,要么就是那些属于国家共同体的人的权利。也就是说,这些权利只是某个国家的公民之权利,是那些有权者的权利,而这是同义反复。①

人权的虚妄

在阿伦特看来,人权本质上就是一种幻象,因为它只是"赤裸人性"(bare humanity)的权利,但这种"裸人"并不存在(至少不存在于现实的政治社会中),因而人权也就并不存在,它最多是画中并不能充饥的饼,或者是想象中可以解渴的梅。就算"人权"不是含混而空洞的,至少也可能是"错位"的,正如现代学者米尔恩看到的那样:"联合国《世界人权宣言》并不是一个充分的保障。……它所列举的权利是自由主义民主权利,而不是严格意义上

---

① 朗西埃,《对民主之恨》,李磊译,北京:中央编译出版社,2016,页62。

的人权。大部分人类不曾经历自由主义民主，在可以预见的将来也不可能如此。"① 世界上并没有真正的自由民主，又哪里来的人权？

麦金泰尔（A. MacIntyre）更是明确地指出，"自然权利或人权是虚构的，只不过是具有高度特殊性质的虚构"，他的理由是：

> 在中世纪临近结束之前的任何古代或中世纪语言中，都没有可以准确地用我们的"权利（a right）"一词来翻译的表达式。这就是说，大约在公元 1400 年前，古典的或中古的希伯来语、拉丁语或阿拉伯语，更不用说古英语，都缺乏任何恰当的方式来表达这一概念。……从这点来看，居然存在着这类人之为人都具有的权利，自然令人诧异。显然，这个事实并不意味着根本不存在任何自然的或人的权利；它只意味着没有人知道它们的存在。而这也至少产生了某些问题，但我们用不着分神去解答这些问题，因为真理是显而易见的：根本不存在此类权利，相信它们就如相信狐狸精与独角兽那样没有什么区别。②

这段被人广为征引的话似乎表明麦金泰尔仅仅从词语的角度来看待"权利"的有无，即古代没有表达"权利"的词语，因此就没有"权利"这种东西，更不会有所谓自

---

① 米尔恩，《人的权利与人的多样性——人权哲学》，夏勇、张志铭译，北京：中国大百科全书出版社，1995，页 163。
② 麦金泰尔，《追寻美德——道德理论研究》，宋继杰译，南京：译林出版社，2011，页 88。另参米尔恩，《人的权利与人多样性》，页 5-6。

然权利以及由此衍生出来的"人权"。表面上看,麦金泰尔并没有彻底否认"权利"或"人权",但是在他看来,权利或人权似乎有如康德的"物自体"一样,我们不知道它的存在,更不知道它以何种样子存在。但麦金泰尔把权利比作"狐狸精"和"独角兽",还是在很大程度上伤害了现代人的情感,毕竟现代社会已经处于一个"权利的时代"乃是公认的观点。

麦金泰尔的(新)亚里士多德主义立场以及社群主义的偏好,虽然"彻底否定的是自由主义的权利观,而不是权利这一概念本身",① 但他对自然权利的批判几乎已经彻底摧毁了现代人的信仰。当然,麦金泰尔不会仅仅依靠词语的有无就判定实质的存在与否(很多学者在批判麦金泰尔的时候似乎显得有些急不可耐),他还从学理上深入分析了自然权利的虚妄。在他看来,自然权利并不是神法的产物,反而是对神圣法律的"背叛",至少是"替代";自然权利也不是成文法所规定的具体权利,因此自然权利根本就不是一种权利。近代学者所高扬的自然权利,要么存在着内在的混乱(也就是以道德原则来僭成法律),要么"自然权利的主张是毫无意义的"。② 不过,麦金泰尔这种决绝的主张并非没有意义(详下)。

德沃金虽然主张要"认真对待权利",但他也清楚,"权利"既不能得到证明,也无法证明其他什么。③ 尽管联合国以及其他区域国际组织颁布了许许多多文件,但似乎

---

① 熊万鹏,《人权的哲学基础》,北京:商务印书馆,2013,页139。

② 麦金泰尔,《伦理学简史》,龚群译,北京:商务印书馆,2003,页211。

③ 德沃金,《认真对待权利》,页240。

都只是一些"命令式"的语句,看上去根本不是理智的结晶,反倒像是售楼处的宣传手册,我们在其天花乱坠的许诺中丝毫看不到任何根据,也与事实相去甚远,难免让人怀疑。学者们针锋相对甚至南辕北辙的无休止论战,更坐实了麦金泰尔绝对甚至绝情的判断:自然权利或人权就像妖魔鬼怪一样,历史上"为相信存在这类权利而提供各种好的理由的所有努力都已失败"。①

比如说,《世界人权宣言》看上去是对人类历史上所出现过的种种美好理论的总结,是具有绝对主义、整体主义、理想主义、国家主义、民族主义和世界主义色彩的反思。但由于缺乏稳固的思想基础,也没有现实的可操作路径,更没有丝毫的保障,这种无关痛痒的东西解决不了任何问题。甚至还有人认为它是一份危险的文献,它的危险不在于它无用,而在于它虚幻或虚伪,即"披着法律的外衣来表示对人权的重视"。② 因此,它看上去不过是在构建一种乌托邦(或美其名曰"理想"),但"人类中的大多数现在没有,也从来不曾生活在这样的社会里,在可以预见的将来也不可能如此。当前的经济、文化状况排除了这种可能性"。③

所谓"权利面前人人平等"(即 isonomia),看上去为普遍的人权提供了坚实的根据,但它背后却并非超越性的神圣天道,而是那些主张者见不得人的利益。古人早就明白这个冠冕堂皇的道理:"古希腊人在思考这一问题时有一个不言而喻的前提:相同的权利无论如何都是不公正的,

---

① 麦金泰尔,《追寻美德》,页88。
② 莫恩,《最后的乌托邦》,页68、183。
③ 米尔恩,《人的权利与人的多样性——人权哲学》,页3。

只有机会主义才会提出这种主张;在相同权利背后总隐藏着各种集团的各种不同的'正当'权利要求。"① 人权必须以平等为基础,人权也是一种针对平等的诉求,但清醒过来后的现代人都清楚,平等乃是乌托邦式的理想,因而人们普遍不再相信甚至拒绝平等的理念。② 在这样的社会风潮下,人权的地位自然也不能幸免。简单地说,在"人之死""作者之死""历史之死"之类的口号甚嚣尘上的时代,任何本质性的思考还有意义吗?不都会被划为"本质主义"而打入另册吗?既然"人"都死了,我们还有必要谈论"人权"?

人权的异化

最初,"人权"乃是下层人民反抗教会的"神权"和贵族的"特权"以获得平等政治权利或权力的手段,是"第三等级"的斗争武器。后来,"人权"是被殖民的"落后"国家对抗西方列强以争取民族独立的口号。这种理论上的游离,即从"个体性"的权利诉求到民族国家的"集体性"自保,实际上就是从反抗权变成了自卫权。如果这还算不上"异化"的话,那么,发达国家利用"人权"为理由来打压其他国家,就是真正的异化了——这与西方近代以来靠"文明"为借口来消灭"不文明"的土著居民,并强势输出"民主",把其他国家改造成自己的附庸,在时间上完全重合,在道理上也如出一辙。

西方强国作为"权利"的被要求者变成了要求者,从

---

① 舍勒,《道德建构中的怨恨》,见《舍勒选集》,页485。
② 德沃金,《至上的美德——平等的理论与实践》,冯克利译,南京:江苏人民出版社,2008,页1。

"人权"的发明者和捍卫者变成了"人权"的虚伪守护人，而实则是人权的破坏者，这大大打击了全人类对于"人权"的信心，实际上也抽空了人权的内涵，对人权造成了实质性的毁灭。欧洲人签订完各种"人权宣言"后，来到北美洲展开了对印第安人的残酷屠杀，这时他们完全忘记了自己关于人类的崇高理论演绎，背叛了人类权利方面的神圣誓言，不把土著当人，不理会他们其实也应该享有必要的人权。古往今来的事实表明，在经济利益面前，任何理论都显得极为苍白无力，不仅是可以随便抛弃的一纸空文，甚至还可以成为粗暴干涉别国内政最亮丽耀眼且"神圣"的理由。

　　最近几十年遍布全球的"人道主义战争"就是对"人道"和"人权"最大的讽刺，这些战争给人类善良的信仰造成了难以愈合的巨大精神创伤。"人权"地位的断崖式下跌就是西方"人权"战争带来的创伤后的应激障碍综合征所导致的结果，至今难以平复，甚至还看不到短时间内康复的可能。杜兹纳看得很清楚：

> 　　最重要的一点是"人道主义"战争是一种自相矛盾的范畴，战争及其危害性结果、轰炸及其对人们的残害永远不可能成为人权和道德的一部分，即使我们能够相信科索沃战争的大部分动机是出于人道主义的考虑，然而这场战争的性质仍然不具有"道德性"。炸弹既没有保护人民，也没有阻止暴行。一场大规模地破坏人权的毁灭性战争之所以能够被看作人道主义行动，仅仅是因为人权已经被政府、政客和外交官所把持并反过来镇压那些要求人权的人。[①]

---

① 杜兹纳，《人权的终结》，页148。

"人道主义战争"或"人权战争"不仅是理论上的矛盾，更是现实上的虚伪："人权战争"或以"人权"为理由的局部低烈度战争并没有带来人权的福音，相反只给世界留下了一个烂摊子，留下了数不胜数的"反人权"记录。如果说这些战争还能在局部地区带来一定程度的和平，也不过因为它已经完成了"人权殖民地"的建设，在"人权帝国主义"（亨廷顿语）的版图上多了一个可以随意剥削和掠夺的仆从国而已。受西方强国操纵的联合国人权委员会支持（至少默认）世界上众多"支持了施行屠杀和酷刑的政府，这与其创建者的初衷完全相反"。[1] 米勒虽然反对亨廷顿的"文明冲突论"，却也跟他一样承认："由于沙特不太苛刻的石油价格政策很好地迎合了西方社会的口味，于是那里迫害人权的行为、缺乏任何民主要素的社会机制、利雅得公开支持宗教激进主义甚至支持恐怖行动这些事实都被我们故意忽略了。这是西方对非民主国家双重道德标准所激发的矛盾之一。"[2] 西方的"双标"看样子是世界性的共识。

　　在人权的异化过程中，美国起到了很坏的"带头"作用。且不说他们对北美原住民的"原罪"，至少"在过去60年里，美国在一些国家和地区支持了专制政府，使西班牙人、葡萄牙人、希腊人和智利人——其中主要是左翼激进分子——的尊严和平等的各个方面遭到了骇人听闻的侵犯，这部分地引起了人们对人权进行彻底重估"。[3] 而美国

---

[1] 亨廷顿，《文明的冲突与世界秩序的重建》，周琪等译，北京：新华出版社，1998，页213。
[2] 米勒，《文明的共存——对萨缪尔·亨廷顿"文明冲突论"的批判》，郦红、那滨译，北京：新华出版社，2002，页182。
[3] 杜兹纳，《人权的终结》，页178。

直接在全世界挑起的各种人权战争对人权所犯下的累累罪行更是罄竹难书。至于美国所建立的民间人权组织的虚伪外衣，更被美国人自己撕得精光：

> 所谓的"人权"非政府组织，如亿万富豪投机者乔治·索罗斯出资的"人权观察"、"自由之家"、美国国际共和研究所、"大赦国际"美国分会，或美国政府设立的、表面上是私人性质的美国国家民主基金会（NED），即将成为华盛顿实施政变的新武器，美国使用这些武器来改变新获得独立的前共产党东欧国家以及俄罗斯。后来，华盛顿"虚假民主"的颜色革命还出现在中国、中亚以及最令人惊讶的富产石油的中东国家。①

美国人设立的看起来像是私人性质的"支持人权"的机构，背后却是华尔街金融大鳄的血盆大口，更是美国的国家利益之所在：推进其他国家的民主进程，实际上就是推进殖民扩张的幅度和范围；扩大世界人权的标准，实际上就是扩大美国自身的利益。在当前美国日益孤立和自私的政策中，这一切丝毫不值得善良的人们大惊小怪，因为美国政府本来就是这样的性质，凡此种种都出自其"文化基因"。

"人权"变成了西方国家的新式武器，"人权就这样进入了世界政治的意识形态与政治修辞的军火库，这一过程

---

① 恩道尔，《虚假的民主》，吕继先译，北京：中国民主法制出版社，2018，页IV。

既不具备戏剧性，也未经过合法性的论证"，① 却无疑让"人权"这个曾经光辉灿烂的名词蒙羞，简直就是斯文扫地。人们对"人权"的疑虑和不信任也就在情理之中了。由此我们不难理解美国对中国的人权状况横加指责的密辛。亨廷顿早就看到："李光耀说：'美国和英国成功地降低了中国的威望……它们反对中国的表面原因是"人权"，真正的原因却是政治，为的是显示西方的政治影响。'"② 美国自私自利的霸权主义给世界人权事业带来了巨大的灾难，这个自我标榜为文明舵手、民主卫士、自由领袖、人权旗手的国家做出的一系列离谱行为，实际上严重损害了包括自由、民主和人权在内的人类文明。人类文明不是空架子，但它的内涵本就十分脆弱了，经不起"虚假"的冲击。

可以说，人权的衰落甚至"终结"，与美国为了自身利益而强势输出，以"人权"为幌子来欺凌、压榨和剥削整个世界密不可分。质言之，在现实政治层面，人权的衰败就是美国的"杰作"。这是美国乃至整个西方文化基因使然，正如劳埃德所指出的：

> 美国只做它想做的任何事，它所关心的只是它自己那点狭隘的利益——它充分意识到世界上其他国家没有能力来制裁它的所作所为。美国输出民主和问责原则，但只要其他国家的意见与其自身利益产生冲突，它就一定置若罔闻。因而美国自己要付出的代价是毁坏国际合作必须建立于其上的基础。它没有从它自己的强势地位出发来展示领导能力，而是扮演了国际恶

---

① 莫恩，《最后的乌托邦》，页47。
② 亨廷顿，《文明的冲突与世界秩序的重建》，页216。

霸而非警察的角色。①

　　这不是政治家之间的"斗嘴",更不是意识形态的"斗气",而是严肃思想者在理论上的"斗法"。我们不惮辞费引用西方人自己的观点,就是要让读者诸君知道,反对美国霸凌主义的不仅有我们这些发展中国家,也有一些良知、学识和洞见兼具的西方人,他们对美国这位"国际恶霸"(international bully)的本质看得清清楚楚。

　　总之,与所谓的"民主"一样,"人权"不能作为社会交易的硬通货,更不是西方人发明的能够垄断国际关系的"专利",而是全人类都需要共同努力的目标。西方人虽然意识到"人权对话作为单行道是不可能起作用的,我们西方国家也可以从中吸取教训,找到不足",② 但我们不仅要察其言,更要观其行,只不过目前还看不到这条"单行道"扩建的痕迹。所以,"人权"不仅是弱者的护身符,也是"强权即真理"的遮羞布:强者往往会以"人权"为幌子,展开世界性的殖民掠夺,就好比他们挥舞"文明"的大棒,对所有"落后"的文明展开神圣的"解放"之旅,最终让世界对"人权"彻底丧失了信心,"人权"也就沦落为虚妄而空洞的话语。

二　人权的根基

　　在当前普遍的怀疑主义和虚无主义甚嚣尘上的时代,我们还能谈论人权吗?人权究竟是真实存在的事实,抑或

---

① 劳埃德,《古代世界的现代思考》,页209。
② 米勒,《文明的共存》,页283。

仅仅是现代人的理论虚构？更一般地说，我们还有理由追求任何一种"权利"吗？不可否认，离开了诸如神法、永恒法、自然法之类的上位概念，单独谈论权利或人权的确显得没有根基。我们虽然已经进入"世俗时代"，任何超验或神圣的理由都已被排除在理论论证之外，不管我们如何理解这一切，也不管我们未来是否有更好的解决办法（为权利或人权设置更符合当前实情的基础），但日子还得继续过下去，就需要在现有条件下尽可能为生命的完整性提供必要的理论保护。

最重要的是，人类经过现代自由民主的革命，已然在各个方面取得了长足的进步，但当前人类的生存状况还远没有达到令人哪怕稍微满意的程度。借用孙中山先生的话来说："革命尚未成功，同志仍需努力。"西方人自己也承认："人权和公民权在西方许多国家还是一个相当年轻的事物，即使是在那些被推崇、标榜为西方自由民主楷模的传统西方国度里，对所有公民来说，真正实现这一理想也是不久之前的事——如果我们真的认为目前状况就是理想之态的话。"[1] 但目前状况显然不是理想之态。

生存状况

在这样的情况下，人类的基本生存权利仍然需要通过艰苦的努力才能取得一点点成就。从辩证的角度来说，我们今天极力强调人权，恰恰就折射出当今社会缺乏人权和肆意践踏人权的现实，但我们也不能讳疾忌医而回避人权问题——尽管我们过分强调权利一定会产生"过犹不及"的毛病，同样会严重伤害社会生活的内在机理，但我们不

---

[1] 米勒，《文明的共存》，页121。

得不正视人类目前仍然极为糟糕的生存状况，也就不得不冒着饮鸩止渴的危险首先解决迫在眉睫的基本生存问题。

更何况，压迫、剥削、控制、虐待等恶行不仅是现代社会才有的现象，而是自古就有的事情，而且我们在可以预见的未来仍然很难真正达到理想的人权状况——这就是我们必须思考"人权"的充分理由，毕竟，人权可以给我们带来尊严和幸福。我们只需要想一想歌德在1797年如何兴高采烈地赞叹人权，就知道这位世界级的大文豪的确看得深刻：

> 受苦的日子已经不短；
> 因为，在那些恐怖的岁月里，我们已艰苦
> 备尝，美好的希望也已经归于幻灭。
> 因为，谁能否认，他当初没感到兴奋，
> 在他舒畅的胸中，没感到纯洁的搏动，
> 当那时，看到新生的太阳透露出曙光，
> 听到人们在鼓吹万民共享的人权，
> 激动人心的自由、值得赞美的平等！
> 那时，谁都希望能自由自在，就好像
> 掌握在那些懒汉和自私之徒手中的、
> 束缚住许多邦国的桎梏已经被粉碎。①

从这里我们可以总结出人权的永恒根基：因为世间充满着苦难、恐怖、艰辛，我们就一刻也不能忘记对权利的主张或诉求。或许近代以来的革命都不算成功，比如说革

---

① 歌德，《赫尔曼和多罗泰》，钱春绮译，见《歌德文集》第九卷，北京：人民文学出版社，1999，页157。

命者只是解放了歌德所说的懒汉和自私之徒，并没有实现真正的平等和自由，但正是因为这一点，我们才必须赓续前人未竟之志。人权的确有如新生的太阳，在后神学时代照耀着我们前进的道路，让我们看到了未来的希望。在"美好的希望也已经归于幻灭"的时代，我们需要重新点燃生活的激情，在黑暗中依靠人权之光砥砺前行。无论"人权"本身有多大的缺陷，不可否认的是，在"后启蒙"时代，人权承载着美好生活的理想。简单地说，人权乃是世俗时代的"福音"，它曾经让我们感到兴奋和舒畅，也必定会重新给我们生命的"纯洁的搏动"带来激动人心的未来，哪怕这种理想目前看起来还仍然只是一种乌托邦。

法国大革命时期的《人权与公民权宣言》以及一个半世纪后的《世界人权宣言》给我们许诺了太多，却兑现得太少，看上去的确有如"乌托邦"。但在这个已经失去想象力的时代，一切美好的东西都已被透支，成了通过按揭提前消费的及时之乐，人们只关心眼前和自己的蝇头小利，对此，人权或许就是歌德所说的"曙光"。世人曾经被"乌托邦"伤害得很深，就不再相信任何超越性的理想，把任何稍微长远一点的美好规划都拒斥为乌托邦，从此开始了得过且过、随波逐流和不负责任的绝对个人性的小时代的小日子。在这种情况下，人权和理想重新变成了救治人类灵魂的药方（哪怕疗效不一定很好）。莫恩说得好：

> 人权的诞生伴随着其他政治乌托邦的凋零，而其本身是作为一种道德乌托邦的理想在这样的环境中幸存下来的，所以人权就不得不为我们重新定义何谓善的生活，并且为了能实现这种善的生活向我们提供一套方案，尤其是当其超越政治的问世不足以使其承担

如此重责之时。①

人权不仅是上述的"苦难",更是生活本身。人权在所有乌托邦都失败或消失的时代所要承担起的理想,乃是善的生活,也就是古典政治哲学所说的 well-being。从这个意义上说,人权就是古典理想不得已的代用品,因此,古典主义者在痛批人权的局限性时(当然是应该的),不妨稍微考虑一下当前的处境。人权不是多么伟大而高明的东西,但既然我们的现实政治连如此基本的要求都无法满足,还不允许人们把目光从天上转回人间吗?据说,苏格拉底的伟大就在于他不关心艰涩的理论,不重视玄远的思辨,不唱高调,不许诺不着边际的理想,而是把哲学从天上拉回了人间,安置到家家户户,让哲学转而关注生活、习俗和善恶方面的事情。②

针对人权的现状,莫恩的以下主张不可否认:"在漫长的战后时期里,人权并非亟待实现的诺言,而是一座起先太过模糊、随后又太过保守的乌托邦,因而无足轻重。倘若要激发全世界的想象,人权需要在一个新的意识形态环境下重新深刻地定义自己。"③ 当然,人权不是我们唯一的希望(比如说古代圣贤的教导可能才是更丰饶的思想源泉),却是我们目前不得不依靠的微弱烛光。与其说我们需要重新定义人权,不如说我们需要更清醒而现实地对待它,因为我们眼前的目标不是"激发全世界的想象"(这固然

---

① 莫恩,《最后的乌托邦》,页 214。
② M. T. Cicero, *Tusculan Disputations*, Trans. J. E. King, Cambridge:Harvard University Press, 1945, p. 435. 另见西塞罗,《图斯库路姆论辩集》,顾枝鹰译,上海:华东师范大学出版社,2022,页 205。
③ 莫恩,《最后的乌托邦》,页 45。

高妙），而是解决当前的生存问题——这算不上"高明"，却关乎生死。

理性本体

那么，我们应该如何看待作为现代性标志的"人权"？阿伦特指出："18世纪末的《人权宣言》是一个历史转折点。它的意义在于，从此以后，法律的来源不是上帝的命令，也不是历史的习俗，而是人。人权宣言无视历史赐予某些社会阶层或某些民族的特权，显示了人从一切监护下的解放，宣布了他的时代的到来。"① 也就是说，人权的诞生标志着"古今之争"的白热化，或者说标志着古今的彻底分裂。但正如我们下文即将论述到的，古今的分裂首先以其连续性为前提，否则我们根本没办法把"古"和"今"连在一起来讨论它们的断裂或差异。

"人权"因反传统而生，必然带着暴烈的反抗精神，这种"革命性"既是西方哲学自古以来的"批判性"的自然延伸，也是"人权"的力量根基。正如杜兹纳所说："《人权宣言》展示了虚无的力量以及反自然之本性的力量超越历史限制文化束缚的一种普遍性的力量。从这个意义上说，人权属于自然法的激进的传统。因此，自然体现了对法律和传统的反抗。"② 人权理论的反传统、反历史、反神法、反自然法通常被视为它的缺陷，却也是它活力的源泉，而且同样也是古典自然法传统的延续，毕竟，自然法传统中一直都潜藏着一股激进的支流。如果我们不是线性而简单地看待一切，那么就会意识到任何具体的存在物都有激进

---

① 阿伦特，《极权主义的起源》，页382。
② 杜兹纳，《人权的终结》，页213。

和保守的向度，而不能说保守主义就没有激进的一面（保守主义的激进比激进主义更为深刻）。

简单地说，"人权"归根结底就是西方人特别崇奉的"批判精神"的外在表现。这种批判精神未必算得"善"或"好"，却无疑是搅动一潭死水的强大动力，能够给陈腐的生命注入新鲜的活力。中国人喜欢"祖述尧舜"和"宪章文武"，好处是有庞然大物般的参照系，路子不容易走歪；坏处是千人一面，没有新意（也不敢有所创造，否则就是数典忘祖）。而西方人的批判及其"进步主义"会给世界带来更多的不确定性，会殃及美好的传统价值，却也总是能够在破坏或"解构"中让人看到传统的不足，还会带来一些新鲜的思考，尽管人类在这个过程中往往会付出巨大甚至惨痛的代价。

"人权"所体现的批判精神本质上就是"理性"。诚然，人权的理论根据已经不再系于超越性的神圣领域，却并不完全缺乏根基。这个根基除了上文所说的"生存"，还有内在性的根据，那就是人的理性。尽管理性不如神性那样更能赋予存在物以合理性和合法性，却也不是毫无意义的同语反复，更不仅仅是韦伯（Max Weber）所说的"祛魅"时代不得已的神性替代品。理性乃是人类的存在本性，因而以理性为基础的人权就具有存在论的特质。

古人同样也讲自由、民主、平等和权利，只不过它们的内涵与今天所理解的大为不同而已。但学术界可能过分强调了"人权"的现代性，实际上，"18世纪的人权概念无疑是要有古代和中世纪发展起来的自然法思想的长期历史为条件的；但是它的直接起源在于从格劳秀斯以来和更一般地说从几何化理性的出现以来自然法思想所受到的人为的系统化和理性主义的改造"。① 不能因为我们曾经误用了理性，就把理性撇在一旁，任由情绪、欲望、意志和幻觉大行其道——人类已经因为"理性的毁灭"（卢卡奇语）付出了沉重的代价，而且我们还不知道人类何时才能学会不要因噎废食。

再强调一遍，人权以及它背后的理性并非是绝对的善，却是人的本质，更是生活的必要基础。怀疑理性，否定人权，实际上就是真正的"人之死"，本质上是"反人类"的。理性不如神性那样高尚，却也同样是克服兽性的强大武器。② 与此类似，如果我们不强调人权，任由掌权者随心所欲地践踏，这些践踏者当然是在犯罪，但我们这些过分清高以至于不屑于谈论人权的人，实际上也是践踏者的同谋，无意中为虎作伥了。

人权是对传统的反叛，是对历史的解构，是针对国家权力的斗争武器，也是民族主义的理论前提。"人权追随着激进的自然法，在它诞生之初就有反压迫、反常规的先验性基础。"③ 但人权并不只具有破坏性的一面，正如现代理性批判哲学一样，它（们）的建构性也许不亚于其解构性。也就是说，人权同时具有"破"和"立"这两个维度："人权传统，从古典的反习俗的自然起源到现代为了政治解放和人的尊严反国内法的斗争，人权的传统一直表达的是'尚未实现'的未来希望。人权已经成为受压迫、受剥削、一无所有者的一种呐喊，已经成为那些无依无靠的人们想象中的特别法了。从这种意义上来说，人权并不是立法的

---

① 马里旦，《人和国家》，页 71。
② 程志敏，《为理性一辩》，见《古典学研究》，2021 年第 7 期，页 187-199。
③ 杜兹纳，《人权的终结》，页 7。

产物，而恰恰是立法对立面的产物。"① 这种呐喊对于受剥削受压迫者的意义显然毋庸置疑，而人权在政治解放和人的尊严方面更具有普遍的价值。

正如理性之于人具有本体论的意义，人权对于人来说，也是必然甚至先验的。从哲学的角度来说，人权的根基就在于本体论："权利最大的成就是本体论的：权利促成了人的身份的产生。这一功能领先和决定了权利防御公共（和后来的私人）权力的保护作用；它伴随并影响着权利的形式、内容和范围的每一次变化。"② 人之为人，何以显明？权利不是唯一的方式，却是必要甚至最现实的方式。其他诸如仁善和友爱等等，当然是人的更高本质，但与权利并不冲突或矛盾。

人之为人，还在于社会性，而人权不仅是个体存在的合法性证明，也是社会存在的依据。正如阿伦特所指出的："失去人权，……也失去了一切人类关系，……换言之，亦即失去了人类生命的一些最本质的特点。"③ 人权是人的本质之所在，没有人权，人也就不存在了。此外，人权还是社会的基础和纽带，人们一旦被剥夺了包括人权在内的权利，就丧失了社会性，其存在即如亚里士多德所谓"非神即兽"（《政治学》1253a3-4）。

人的个体性和社会性与人的权利密不可分，这个道理不是现代人的发明，而是自从有"人"之时就已经得到充分展示的基本道理。绝大多数学者都认为古代没有

---

① 同上，页152。
② 杜兹纳，《人权与帝国——世界主义的政治哲学》，辛亨复译，南京：江苏人民出版社，2010，页8。
③ 阿伦特，《极权主义的起源》，页389。

"权利"观念，更没有"人权"概念，这在绝对的意义上说当然没有问题，但根据前引麦金泰尔所谓古代没有"权利"方面的词汇，就判定一定没有一般意义上的权利观念，显然又太简单化了。我们从思想史发展的历程中往前回溯就可以清楚地看到一条演化路径：人权——自然权利——自然法——神法。尽管这条路可能被人视为等而下之的"下降"之路，但赫拉克利特不是说过"上升的路与下降的路是同一条路"吗？

菲尼斯认为"人权"就是"自然权利"的现代表达法，因而视两者为同义词。① 自然权利与自然法在拉丁语中都是 ius naturale，它们的含义差异非常大，却也有着深刻的内在联系。自然权利虽然不完备，② 却并非不存在。尽管"从天赋权利到人权的变化表明，人们对在人性的先验揭示或普遍可接受原理的基础上为权利辩护的能力已失去信心"，③ 但如果要恢复这种信心，是不是就应该从人权开始谈起呢？人权、自然权利之类的概念固然有很多缺陷，却依然不妨碍它们的本体地位。

简单地说，从哲学（而非神学）的角度而言，权利不是外在存在者所赋予的（无论这位外在的存在者是天上的神明还是大权在握的王公贵族），而是人本身就具有的。人权的根基在于人本身，其中最关键的就是人的理性特质。正如一位猛烈反对保守主义和古典思想的学者所说的，"从哲学上来说，这一问题的唯一答案只能是：每个人这些绝对的自然权利就来自他的自由存在。……理性使每个人都

---

① 菲尼斯，《自然法与自然权利》，页160。
② 程志敏，《论自然权利的不完备性》，见《现代法学》，2021年第4期，页55以下。
③ 杜兹纳，《人权与帝国》，页12。

能成为自己行动的主人,使每个人能够以独立自主的方式存在,这就是自由存在"。①

我们这里不是要宣扬"自然权利"(这个概念太模糊而软弱),而是在更为根本的意义上谈论人的"本体权利"。除了上述杜兹纳和阿伦特等现代人的阐述之外,我们还能在古典思想中找到更为深刻的论述——这可能会让习惯了古今之争的现代人很难接受。也就是说,古人也讲"权利"(甚至有时不与"权力"相区分),而且"权利"直接来自"存在"。在古希腊语中,ἐξουσία主要表示权力、权威、资格、特权、自由、资源和管理等等,在很大程度上已经具有现代"权利"观念的影子了(特权当然是一种权利,而不仅仅是权力;自由当然更是一种权利了),尤其在政治领域,拥有某种权力就意味着拥有相应的权利。ἐξουσία这个词由 ex 和 ousia 组合而成,前者表示"从……来",后者即大名鼎鼎的"存在",也就是说,特权、权威、授权的资格等直接来自"存在"。

比如在索福克勒斯的《埃阿斯》中,剧中人认为君王即便有再大的权力,也没有权利或权力(ἔξεστ')统帅其他部族的人,也就没有权利作其他国家的王,双方都没有"权利"(θεσμός)相互统治。② 这里出现的两个词,都表示"权利",前者是 exousia 的变体,是新兴的哲学观念,而θεσμός作为古老的法律女神 themis 的通俗变体,乃是古风时期人们关于"大法""正确"和"权利"之间密切联系的思想余绪(详下)。

---

① 黄裕生,《权利的形而上学》,北京:商务印书馆,2019,页 267-268。
② 索福克勒斯,《埃阿斯》,张竹明译,见《古希腊悲剧喜剧全集》第二册,南京:译林出版社,2007,页 402。

柏拉图在《理想国》里谈到民主制时，也把"权利"提高到了存在论的高度，虽然语气中不无一贯的揶揄和批判："他们是自由人，他们的城邦充满了人身自由和言论自由，个人有权在城邦中做他想做的。……凡是存在这种权利的地方，很清楚，每一个人会在城邦中把它建立成某种支撑自己生活的私人基础，各按自己的喜欢。"① 这里的"权利"（exousia）尽管有人译作"自由"，但更多人直接理解为"特权"（布鲁姆译作 licence 或 privilege），也就是一种权利，而"自由"本身就是现代人所理解的最高权利。在希腊人法律中，如果男孩子一旦通过成人审查，成为正式的公民，熟悉城邦事物，能够判断是非曲直，如果他对这个城邦的社会制度不满意，就有权力（exousia）离开这个国家，去往别的地方。② 这里所说的"权力"，实际上就是现代人所说的政治权利，比如自由迁徙权。③

神圣法则

"人权"不仅有哲学的基础，在神话或神学领域也能找到一些线索或萌芽，尽管人们通常认为人权正是靠反对神法才走上了历史舞台。从词源学倒溯，就能在古典思想中找到"权利"的原初含义。right 虽然晚近才有"权利"的含义，它的本义是"正确"，但也有古老的根系，它来自拉丁语的 rectus（意为"直"和"正"），而后者字形上与希

---

① 柏拉图，《理想国》，王扬译，北京：华夏出版社，2012，页 305。
② 柏拉图，《克力同章句》，程志敏、郑兴凤译，北京：华夏出版社，2017，页 217-220。
③ 张永和，《权利的由来——人类迁徙自由的研究报告》，页 247 以下。

腊语的 orektor 和 orthos［正直、正确］关系密切，其含义则与希腊语的 dike 对等，含义从"审判"演化为"正义"。这里无法详细叙述西方从 dike［正义］到 right［正确、权利］的演变过程，只需要记住：dike 这个表示正义的词，往往也可以表示"权利"，如《俄狄浦斯在科洛诺斯》760-761行，以及《克里同》50e-51a（这里的 dike 多译作 right 或 Recht）等。这种语词现象表明了古人对权利的理解：只要是正确、正当和正直，就自然具有了权利——这就是作为"自然权利"先驱的"自然正当"的基本含义。由此，我们不难理解为什么在西方语境中，"正确"（right）就是"权利"（right）。这当然比仅凭"存在"就天然具有权利更具有社会伦理政治内涵，却也不是唯一的理由。

比 dike 更为古老的 themis，在表示天地大法之外，也往往表示习俗，这种习俗或不成文法就赋予人们以权利。比如狄奥墨得斯在大会上顶撞上级时高调宣布："大会上这样做也是应当。"（ἡ θέμις ἐστὶν ἄναξ ἀγορῇ，《伊利亚特》9.33）换言之，在公开场合批评君王乃是臣子的权利，这不是现代意义上的"言论自由"，而是"发言权"——这是人们进入政治领域的门票。[①] 阿喀琉斯说，在亡友得到安葬之前，即便自己身上已满是血污，自己也"无权"（ou themis）洗澡（《伊利亚特》23.44）。这既然是一种风俗习惯，当然具有一定的强制性，因为它是"正确"的行为方式，也就关乎每个人切身的"权利"。

在赫西俄德编制的"神谱"中，宙斯与忒弥斯（The-

[①] Dean Hammer, *The Iliad as Politics: The Performance of Political Thought*. Norman: University of Oklahoma Press, 2002, pp. 89-90, 122ff., 132-133。中文见《〈伊利亚特〉的政治解读》，程志敏、王芳译，北京：华夏出版社，2022。

mis）联姻，从而打造了稳固的政治根基——"这是一种最为深刻的思想，即宙斯与永恒权利和习俗（the eternal right and custom）的结合就是为了生下 Dike［正义］，Dike 现在统治着或者应该统治凡人。Eirene［和平］与 Eunomia［良法、良序］也应该统治凡人，以保护或保证人类努力所取得的成功。"① 可以说，忒弥斯这位法律女神本身就象征着"权力"和"权利"，或者说 themis 本质上是一种公共权利，② 如果没有她，社会政治生活就根本不可能——这就与阿伦特上述看法不谋而合了。

此外，希腊语中还有其他不少词汇都含有"权利"之意，如"在劝告和言语上面对他们进行教育，这是老年人的权利"（geras,《伊利亚特》4.323-324），甚至死者也有得到哀悼的"权利"（geras,《伊利亚特》23.9）。而在古希腊的风俗中，异乡的客人因为受到宙斯的保护而具有神圣的"权利"，主人必须予以照顾和款待，这就是 xeneia 的含义（中文译作"客谊"，似不妥，不如译作"客权"）。在拉丁语中，ius 对应着古希腊语的 dike，前者既表示"法"又表示"权"，与德语的 Recht 一样，所以中国人干脆把 Recht 翻译成"法权"。

在古罗马，与"人权"接近的就是 ius humanum 或 lex humana/humanitatis，这两个词组本义是与"神法"相对的"人法"，但因为强调人的生存要求，呼吁人们尊重"人性"（humanitas），也与"人的权利"直接相关，所以 iure humanae 可以翻译成"人类的法权关系"。③ 古人就是在

---

① Friedrich Solmsen, *Hesiod and Aeschylus*, Ithaca: Cornell University Press, 1995, p. 35.
② Dean Hammer, *The Iliad as Politics*, pp. 115ff.
③ 西塞罗,《论义务》, 页 59。

"人性"或"人道"的意义上谈论"人权"（兹事体大，值得另外专门研究），如果某人没有按照人性的要求去对待别人（尤其是奴隶、敌人和战俘），就说他没有人性，因为他没有尊重人权，或者说，没有遵守"人法"（leges humanae）。甚至奴隶也有"人权"，比如说，奴隶有时也可以向主人实施恩惠，如果否认这一点，就是忽视了他的"人权"（iuris humani）。① 实际上，从"人道"的角度来证成"人权"（并把它视为一种伦理权利），或者以人权来维护人道，仍然是现代国际学术界通行的做法，"今天，人权和人道主义已经成为相互依托的事业，前者结合了后者，而后者又根据前者来证明自己的正当性"。②

凡是不以人性和人道的方式来对待人，从法律的角度来说，都违背了"人法"，而从更宽泛和普遍的角度来说，就是践踏了"人权"。我们大概不需要多么高深的理论，仅仅凭常识就能得出这样的结论。在普林尼看来，虐待人类（包括车裂这种酷刑），以及用人体器官做药，都破坏了"人权"（ius humanum）。③ 人之为人，就必须遵守与人相

---

① 英文译作 rights of man，见 Seneca. On Benefits, In *Moral Essays III*, Trans. J. W. Basore, Cambridge：Harvard University Press, 1955, p. 161（其中的 societas iuris humani，本书译作 common bound of humanity, p. 503）。吴欲波译作"人权"（《哲学的治疗》，北京：中国社会科学出版社，2007，页189），袁瑜琤译作"人之为人的权利"（《道德和政治论文集》，页332）。

② 莫恩，《最后的乌托邦》，页221。潘恩，《人的权利》，戴炳然译，上海：复旦大学出版社，2013，页109、141、180、182。

③ 普林尼，《自然史》，李铁匠译，上海：上海三联书店，2018，页274。Loeb 本也译作 human rights，见 Pliny, *Natural History*, Trans. W. H. S. Jones, Cambridge：Harvard University Press, 1963, vol. 8, p. 7。

关的法律，尊重属人的权利，因而"人法"或"人权"是普遍的法，即"万民法"。而所谓"万民法"（ius gentium），实际上就是"人"这个"种类"或"民族"（genus）都必须遵守的规定。

罗马法集大成者盖尤斯的《法学阶梯》开篇就规定："根据自然原因在一切人当中制定的法为所有的民众共同体共同遵守，并且称为万民法，就像是一切民族所使用的法。"① 首先，万民法是为所有"人"（omnes homines）、所有"民众"（omnes populus）和所有"部族"（omnes gentes）制定的，与"人"相关。其次，这种人法之上的高级法还有更上位的依据，那就是"自然理性"（naturalis ratio，中文版译作"自然原因"），也就是说，人法或人权以万民法和自然法为根据。对此，有学者直接把《法学阶梯》开篇所说的"万民法"等同于人法或人权，

> 这里的 ius gentium 就是 ius humanum 的同义词。法学家把 ius gentium 定义为所有民族都必须遵守的普遍法律规定的源泉。因此，它就与 ius humanum 一样都具有基本的普遍性。但它实际上也是"自然法"的同义词，自然法反过来包含了人权。②

从适用范围及其本质来说，自然法和万民法当然就是"人法"（与"神法"相对），因而也就是"人权"。自然法（以及万民法）尽管抽象、客观而高远，却并非与人无

---

① 盖尤斯，《法学阶梯》，页2。
② R. A. Bauman, *Human Rights in Ancient Rome*, Routledge, 2000, p. 29.

涉，西塞罗在其著名的自然法定义中如是说：

> 对于所有的民族，所有的时代，它是唯一的法律，永恒的、不变的法律。而且也只有一个对所有人是共同的、如同教师和统帅的神，它是这一种法律的创造者、裁断者、立法者，谁不服从它，谁就是自我逃避，蔑视人的本性，从而将会受到严厉的惩罚，尽管他可能躲过被人们视为惩罚本身的其他惩罚。①

古典自然法并没有撇开"人"，并不是抽象而无生命的逻辑推导，不会无视人的本性或人的自然（naturam hominis）。自然法、万民法以及由此而来的人法当然会保护人类，同时赋予自己所保护对象以足够的权利。因此，即便我们不能把古罗马的 ius humanum 直接等同于现代人所说的"人权"，但我们完全可以说，"ius humanum 在术语上几乎完全等同于现代的'人权'"。②

我们这时回过头来看现代人的一些观点，就能发现它们太过狭隘。比如说，麦金泰尔不承认人仅凭存在（或资格）就具有什么权利，而米尔恩则把这个过分武断的说法稍加限制，认为"不存在什么仅凭自己是人就享有的政治权利，不存在在一切时间和场合都属于人们的政治权利"。③ 我们不能抽象地谈论"人权"，但"人权"以及"权利"总是可以谈且必须谈的，毕竟，人权来自人法，人法来自万民法，万民法来自自然法。更一般地说，人权就

---

① 西塞罗，《论共和国》，页251。

② R. A. Bauman, *Human Rights in Ancient Rome*, London: Routledge, 2000, p. 21.

③ 米尔恩，《人的权利与人的多样性》，页189。

是人法，是人在世间最高的要求。它的基础是自然法、神法和永恒法。在古代，人权的基础不在于人自身的理性，而在于神圣的存在。

综上，人权的根基在于人世的苦难、生存状态的不堪、理性本身的要求，甚至是万民法、自然法和神法的产物。简言之，人权的根基在于"人"。只要这个世界上还有"人"，他或她的生存需要权利，人世间也就需要"人权"。

三 人权的内与外

从人权的含混、空洞甚至虚妄，以及人权的本体论根基来看，人权不是一个简单的问题。而在具体的实践中，人权也存在着许多完全不同的面相或维度，不能一概而论。把人权夸上天，显然是浅薄的；视人权为现代的歧途，也不够尊重人类几千年艰难的努力。人权与现代世界关系极为密切，但人权不只是现代人的事情。人权是对传统和历史的"反叛"，却同时也挖掘出了一些永恒的问题，比如：人应该如何生活。关于人权与现代的关系，杜兹纳说得很清楚：

> 人权既是现代的创造物又是现代的创造者，是现代政治哲学与法理学在政治与法律上的创举。其所有的本质特征中都可以寻觅到现代性的踪迹。首先，人权标志着政治思想从义务到权利、从城邦和集体性到文明与人的意义深远的转向。其次，人权颠倒了个人与社会的传统的先后关系。①

---

① 杜兹纳，《人权的终结》，页 12。

人权固然是一个特别耀眼的现代现象，但并不能说明古人就没有类似的思考，更不能说明人权没有普遍性、整体性和本体性（ontic）。比如在黑格尔的观念中，人具有人格，而"人格一般包含着法权能力，并且构成抽象的、因而也是形式的法的概念和其本身权利的抽象基础。所以，法的命令是：成为一个人，并尊敬他人为人"。① 这既是伦理的绝对命令，也是人类存在的本体论要求。简单地说，人必有人权。我们每个人都要当个伦理意义上的好人，就必须尊重人权，哪怕这种尊重带有自私的意味——即便抽象强调自然权利的人都会承认，利他是为了更好地让人来利己。②

从根本上说，人权不是简单的"好""坏"问题，而是我们必须面对的现实，它与人息息相关，既在一定程度上揭示出了人的存在结构，打破了许多人为的枷锁，为现代人带来了相对更好的生活状态；但不可否认的是，它也同时遮蔽了很多重要的维度，让我们在"权利"的狂欢中肆意破坏传统，还美其名曰"革命"。"人权"提升了人们的生存水平，却也固化了人类的价值判断，使其思想愈发僵化。更不用说，"人权"也成了"政治正确"的重要砝码，成了国际力量博弈的筹码，强者总是惦记着用这种曾经的解放工具来重新把其他国家的人套进枷锁之中。所以，"人权有点像两面神，他们具有解放和统治、保护和约束的双重功能"。③ 激进的革命口号也会衰减成禁锢思想的刑具，但我们也不能由此而否定它的价值。卢梭说："人是生

---

① 黑格尔，《法哲学原理》，页85。
② 施特劳斯，《自然权利与历史》，107。
③ 杜兹纳，《人权的终结》，页186。

而自由的,却无往不在枷锁之中。"① 古代如此,现在也如此。问题复杂,道理永恒,或者反过来说,可能更让人清醒一些。因此,我们必须看到人权的"内"与"外"。实际上,本文第一部分"人权的话语"就已经在讨论人权的"外",而第二部分"人权的根基"则是在探讨人权的"内"。

普遍与特殊

人权究竟是普遍的还是特殊的,人们在这个问题上聚讼不休,似乎还看不到最终解决的希望。但实际上这个在实践上颇为纠缠不清的问题,在哲学上却非常简单:人权既是普遍的,也是特殊的——这是辩证法,而不是骑墙或者和稀泥。② 只不过这里所说的"普遍"和"特殊"不在同一个层次,而是处于思想的不同结构中。用我们这里的方法来说,普遍和特殊的关系就是内与外的关系。从外在的形式来说,人权是所有人都有的自然权利,因而是普遍的;从具体的内容来说,人权会因传统、习俗、文化、种族、发展阶段、社会理想等方面的差异而有相当不同的表现,因此必定是特殊的。人权的内容处于不断变化中,但万变不离其宗,这个"宗"就是"人权本身"(ius humanum per se),甚至可以说就是"元人权"(meta-rights of man)简单的概括:外即普遍性,内即特殊性。

再从相对和绝对的角度来说,也能说明人权的内外之

---

① 卢梭,《社会契约论》,页4。
② 徐显明主编,《人权法原理》,北京:中国政法大学出版社,2008,页90。万斌等,《马克思主义人权哲学探究》,北京:社科文献出版社,2016,页27-29、98-100、198。熊万鹏,《人权的哲学基础》,页363-366。

别。从绝对的意义上说，人权必然是普遍的；而从相对的意义上来看，人权有着千差万别的表现，因而必定是特殊的。如果我们仅仅为了对抗西方的人权殖民而否认人权的绝对性，就恰恰上了西方人的当，他们会以此为由坐实我们不讲人权。因此，简单地否认人权的普遍性，只承认人权的特殊性，在理论上犯了简单化的错误，未能辩证地看问题，在实践上就是资盗粮，让我们在国际人权论战中处于极为不利的地位。

我们只有站在"普遍"这个高度上，才能对等地抵制西方人的无理指责。我们如果仅仅以人权的特殊性为武器，根本就挡不住别人的攻击。既然普遍性和特殊性不在一个维度上，那么我们若死抱着特殊性不放，实际上就是任由对方"降维打击"。最重要的是，我们在捍卫人权特殊性的同时，更应该大大方方地向攻讦者指出，我们的特殊性中已经包含着放之四海而皆准的普遍性和绝对性。我们不必惧怕"普遍"或"普世"的话语，因为人权既然是普遍的，就绝不是哪一个国家能够垄断的：我们的价值观为什么就不可以是普遍的呢？我们要堂堂正正在"普遍"的意义上捍卫"特殊"，并勇敢地昭示自己特殊中的普遍。

普遍与特殊本来就是一对矛盾的范畴，它们相互依赖和相互推动——这并不是多么高深的哲学道理，而应该是常识。我们不必急于宣布中国就是世界未来的希望，也不必针锋相对地表明人类今后很可能会在中国的文化中汲取营养，甚至唯中国马首是瞻，但我们不能放弃"普遍"这块阵地。中国文化的特殊性中究竟包含着多少全人类都必须遵守的普遍性，还需要我们今后努力研究，尤其要结合传统、现代以及异域文明，重建更为宽广、博大、包容和精妙的中华文明。但目前我们完全可以指出，西方所谓的

"普遍",其实是他们的自说自话,本质上是"特殊"。西方的所谓普遍真理,归根结底来自希腊和希伯来(本质上都来自近东)。"西方中心论"其实早已经破产,就连西方人自己都明白这一点。

普遍性和特殊性之间不是非此即彼甚至你死我活的关系,有学者以差异性和相似性来谈论普遍性和特殊性:"如果我们有一个想象中的天平,并且把相似性放在一端,把差异性放在另一端,那么哪一端会压倒另一端呢?"[1] 作者仿佛把普遍性与特殊性的关系当成了"不是东风压倒西风,就是西风压倒东风",把两者绝对对立起来了,显然背离了事物的本来面目和应有的状态。作者虽然看起来是在公平客观地谈普遍性和特殊性的关系,但言语间终归偏向了普遍性。殊不知,普遍性和特殊性必须统一起来,据说,现代世界的撕裂正是由于人们粗暴地分裂了普遍性与特殊性。[2]

从辩证逻辑的角度来说,否认人权的普遍性,就是否认人权本身,就是人权虚无主义;如果只认可人权的特殊性,就是人权的相对主义,最终会滑向虚无主义。而否认人权的特殊性,只承认其普遍性,在理论就是人权绝对主义,在实践上就是人权的霸权主义,根据两极相通的道理,与相对主义和虚无主义别无二致,终将合流。无论是人权虚无主义、相对主义,还是人权绝对主义、人权霸权主义,都会对人类造成毁灭性的伤害。

我们反对西方虚假的"普遍",但我们并不否认人权的

---

[1] 弗里德曼,《人权文化——一种历史和语境的研究》,郭晓明译,北京:中国政法大学出版社,2018,页117。
[2] 杜兹纳,《人权与帝国》,页107。

普遍性，我们的任务恰恰就是要开发并维护真正的普遍人权。在捍卫人权的绝对性和普遍性方面，我们丝毫不比世界上任何国家和民族更落后或消极，但我们不会像西方人那样抽象地看待人权，更不会狂妄地把自己的理解当成普世的东西。相反，我们还会认真对待西方人权理论的所有成就，并虚心求教，把它吸收进来，以构建一个更大、更客观、更有建设性的体系，因为"我们的使命在于使我们自己的文化——人权文化——变得更加自觉，更强有力，而不在于通过诉诸跨文化的某个东西来证明它对其他文化的优越性"。①

在古希腊和中国，至少在理论上（准确地说是在"理想"上），"一种具有操作性的人权概念都会延伸到适用于所有人"。② 廊下派所提出的"世界公民"（即世界上所有人都能享有的巨大公民权），而孔子提出的"仁者爱人"（以及有教无类）或墨子提出的"兼爱"等等，都表达了美好的普遍人权理想。古罗马在万民法和自然法的意义上来谈论人法或人权（ius humanum），其实就表明作为万民法的人权乃是普遍的。

康德著名的"绝对命令"也表达了人权的普遍性，他说："要这样行动，就好像你的行为的准则应当通过你的意志成为普遍的自然法则似的。"③ 这个原则虽然遭到舍勒的猛烈批评，被认为只是空洞的"形式"，而不是"实质性"的，但如果我们暂时只在"形式"上讨论人权问题，那么康德的说法完全没有问题，与孔子所谓"己所不欲，勿施

---

① 罗蒂，《后形而上学希望》，张国清译，上海：上海译文出版社，2003，页324。
② 劳埃德，《古代世界的现代思考》，页181。
③ 康德，《道德形而上学的奠基》，页429。

于人"若合符节。更何况,康德还明确地谈到了"绝对命令"稍微具体一点的内容:

> 你要如此行动,即无论是你的人格中的人性,还是其他任何一个人的人格中的人性,你在任何时候都同时当做目的,绝不仅仅当做手段来使用。……因此,我对我的人格中的人不能支配任何东西,不能摧残他、损害他或者杀死他。

不能把人当手段,而只能当目的,这就已经表明人类所具有的普遍的权利了。不能摧残、损害和杀死人类,这既是"自然法"和"万民法"的要求,也是人权的经典表达(参《世界人权宣言》第五条)。

康德在其他地方还从本体论的角度来规定"自由"这种最根本的普遍人权,他说:

> 自由(对另一个人的强制任性的独立性),就它能够与另一个人根据一个普遍法则的自由并存而言,就是这种惟一的、源始的、每个人凭借自己的人性应当具有的法权。①

现代人的这种自由观念虽然与古代大相径庭,但"做自己的主人"不仅是自然法权体系中最重要的要求,也是近代哲学"绝对自我"的外化,也就是"自我同一性"在现实中的表达。康德这里所说的"凭借自己的人性应当具

---

① 康德,《道德形而上学》,李秋零译,见《康德著作全集》第6卷,北京:中国人民大学出版社,2007,页246。

有的法权"中的"人性",并不是伦理学的对象,而是形而上学意义上的"人的存在"。

"人权"中的"人"是每一个具体的人,因而就是所有的人,即作为"类"的人,当然就是普遍的。现代学者把哲学家晦涩的表达说得更为通俗了一些,

> 人权定义一般集中在这样一种思想上,即人权包括了所有的人,仅仅是人,而且在极其根本的方面是同作为人相联系的。就这一情况而论,权利是这样一个论证原则,即什么是每个人应得的,以及每个人必须负有义务尊重他人,因为他是人。①

人权是普遍的,因为它对于人的存在来说具有存在论或本体论的意义。所有文化类型的核心都是"人",都主张以人道的方式对待人,也就是充分尊重人权,《世界人权宣言》第一条所谓"人人生而自由,在尊严和权利上一律平等",不过是表达了人类文化对于普遍人权的终极诉求。

不过,我们在谈论人权普遍性的时候,也需要同时看到它的特殊性。其实,西方所谓的"普遍人权"在西方内部也引起了相互矛盾的看法,至少引起了相当不同的理解,其具体内容的差异甚至远远超过了它们内在的相似性。因此,当我们看到如下判断时,需要特别小心:

> 人权是普遍权利,所有的人都是拥有人权者,拥有人权的阶层并不受任何特殊的属性、能力、财产或

---

① 罗森鲍姆,《人权的哲学导言》,沈宗灵译,见《西方人权学说》下册,页47。

地位的局限。人权的这种普遍性特征说明了它的这种要求，即不管人权是否受到某一特定政府的法律所认可和保护，人们都拥有这样的人权，因为公民籍或国籍是一种特定的身份，公民权可能被局限在那些属于本国公民或居住在其国界内的人的范围内。人权并无国界。①

这段话是对《世界人权宣言》第二条的解读，看起来没有问题，但我们若由此把它绝对化，问题就大了。

人权固然无国界，但这只在形式上有效，而在内容上却未必，人权会因国家、民族、亚文化类型甚至个体的不同而有很大的差异。我们千万不能把形式与内容混为一谈，还必须充分认识到人权的特殊性，毕竟"特殊性具有正名和解释的作用"。② 特殊性是普遍性的基础，没有具体，就没有普遍、抽象和绝对。麦金泰尔指出：

> 不从这些道德的特殊性出发，就无从开始；正是从这类特殊性出发的向前运动构成了对善、对普遍性的探寻。然而，特殊性永远不能被简单地抛在一边或抹杀掉。摆脱特殊性进入那属于人本身的全然普遍准则的领域，这种观念无论以18世纪康德哲学的形式出现还是以现代某些分析的道德哲学的面貌出现，都是一种幻象，并且是一种伴随着沉痛后果的幻象。当人们过于轻易地、过于彻底地将事实上是其部分的、特

---

① 温斯顿，《人权的性质》，陶凯译，见《西方人权学说》下册，页165。
② 塔克，《自然权利诸理论：起源与发展》，页17。

殊的事情与某种普遍原则的事情相等同时，他们常常得不偿失。①

即便对普遍和绝对的追求是人类的终极理想，我们也绝对不能以牺牲特殊性为代价，否则现代以摆脱特殊性来渴求普遍性，只能是一种幻想，其后果必然极为惨烈：20世纪是一个大灾大难的时代，其中大部分灾难都是由此引起的。尤其在"古今中西"之争的背景下，要讨论人权方面的民族性、地方性和时代性等"人权特殊性"问题，需要另外专门展开，这里从略。我们只需要明白：人权在内容上具有多样性，是包容和互补的，因而既是绝对的，也是特殊的。

个体与整体

"人权"在近代的强势兴起，最初就旨在争取个人的自由和平等，为人们的生活状况之改善立下了汗马功劳。人们在人身安全、信仰、言论、隐私、结社、选举、财产、法权等方面的保障上，取得了长足的进步。这些被称作"第一代人权"的东西②有如"消极自由"一样，可以被视为"消极权利"，尽管仍然远远不尽如人意，毕竟彻底改变了人们的"自我意识"，尤其大大加强了人们的权利意识，这不仅为人类的当下尽可能美好的生存奠定了坚实的基础，也为人类文明未来的发展提供了明确的方向和源源不绝的动力。

---

① 麦金泰尔，《追寻美德》，页 280-281。
② 胜雅律，《从有限的人权概念到普遍的人权概念》，王长斌译，见《西方人权学说》，下册，页 251；里奇，《发展权：一项人民的权利?》，李鸣译，见《西方人权学说》，下册，页 282。

从形式逻辑来说，人权是要保护每一个人的权利，所以人权在最基本的意义上当然是个体性的。但从辩证逻辑的角度来看，"人"既是个体性的，也是集体性或整体性的，即社会性和政治性的，因而"人权"就必定存在着另外的、可能更大的维度，这就是在个体人权之外的"集体人权"（姑名之）。上文所谈到的"普遍"与"特殊"的关系亦可用来阐明这个理论上很简单而在实践上却颇不容易的道理：每一个具体的人都是特殊的存在者，但这种特殊性的汇集就成了普遍性，那么，个体人权背后必然有集体人权或普遍人权。我们同样可以用本文的核心方法来说明它们之间的关系：个体人权对于每一个人来说都是天然"内在"的，但在这种根本特性之外，必然会由无数的"内在"构成"外在"的形式同一性，而后者就表现为集体人权。因此，内即个体性，外即整体性。

自由、平等、幸福等原生价值固然美好，但万事都有两面性，如果我们只强调这些具有个人色彩的东西，则"人权"就必然导致"个人主义"，其结果可能适得其反，不仅达不到维护个体人权的目的，反而会导致自由的丧失，造成新的压迫。自从"人权"这个概念诞生以来，它一直就与个人主义夹缠不清。后来，人们拼命地强调人权，仿佛人权只具有个体性，便在西方世界催生出了"原子式的个人主义"，而"这种个人主义今天已经发展得像癌症一样危险了——它也许正在摧毁那些托克维尔视为制约个人主义恶性潜能的社会表层结构，从而威胁着自由本身的生存"。[①] 当人权"这个术语被用做自由主义、市场资本主

---

① 贝拉等，《心灵的习性：美国人生活中的个人主义和公共责任》，周穗明等译，北京：中国社会科学出版社，2011，页59。

义、个人主义的一个同义词"的时候,① 人权实际上已经异化成了它的对立面,"人权的终结"也就不值得大惊小怪了。

"人"不仅是个体性的,也是集体性的,它既是单数的,也是复数的,既是绝对的自我同一,也是与他人不可分割的"共在"(Mitsein)。归根结底,"生存的特殊性根本不是人的个体性,而是只有在社会的结构中才能经验到的存在"。② 因而"人权"中的"人"既是"个人",也是"人民"(尽管这个词同样有问题)。个人显然是"人权"的基本主体,但这种主体性的个人权利必须在集体或整体中实现,而且高层次的人权(而不只是基本人权)更需要团队的协作才能完成。有了这样的理论准备,我们就会看到单纯强调个体人权背后的个人主义的问题之所在:"普遍原则的个人主义忘记了每个人都是一个世界并和其他人一样开始存在,忘记了我们都在一起。具有共同之处是作为自我构成整体所必需的一个部分:自我被暴露给他者,它被置于外部事物之中,他者则是自我私下的一部分。"③ 这里的"在一起"(being-together)才是真正"在世之中存在"(in-der-Welt-sein,海德格尔语)的本真样态。

单纯强调个体人权,就会产生个人主义,它的本质就是利己主义。即便个人主义不等于利己主义,集体主义不等于整体主义,它们之间或许也仅有一步之遥,都是人类生命和精神的癌细胞。早在"人权"刚刚大行其道的时候,

---

① 杜兹纳,《人权与帝国》,页 13。
② 默茨,《神学中关于社会方面的言辞》,蒋庆译,见刘小枫编,《当代政治神学文选》,长春:吉林人民出版社,2010,页 79。
③ 杜兹纳,《人权与帝国》,页 63-64;《人权的终结》,页 224-225。

托克维尔就清楚地看到了人权与个人主义的亲密关系及其强大的破坏力：

> 个人主义（Individualisme）是一种新的观念创造出来的一个新词。我们的祖先只知道利己主义（Égoisme）。……利己主义可使一切美德的幼芽枯死，而个人主义首先会使公德的源泉干涸。但是，久而久之，个人主义也会打击和破坏其他一切美德，最后沦为利己主义。①

如果一切美德都被破坏了，人类社会也就不存在了，因为我们很难通过个人主义来建构任何一种共同体（尽管很多学者都在如此设想），因为这两者本身就是矛盾的。西塞罗等古典思想家早就指出，如果人人都把利益据为己有，人类社会就会瓦解，个人主义"会破坏人类的共同联系，并且随着这种共同关系的消除，善行、慷慨、仁慈、公正也都会被彻底破坏"。② 这与托克维尔对个人主义的批评如出一辙。

更为矛盾或吊诡的是，人权很可能是自我解构性的。也就是说，如果我们过分强调颇具个人主义和自由主义色彩的个体人权，结果就会导致社会的解体，也就谈不上人权了。个人主义首先会导致无政府主义，并进而形成新的强力统治（这就是"民主的悖论"，容另文详述），也就是说，"当个人主义的目标变成了社会无序和混乱状态的动因

---

① 托克维尔，《论美国的民主》，董果良译，北京：商务印书馆，1988，页625。

② 西塞罗，《论义务》，页269。

的时候，获得解放的方法也就成了征服的工具"。① 个人主义不是自由主义的缺陷，而是它根本就无法靠自身的力量予以克服的特性。而且颇为诡异的是，普遍主义也会导致个人主义。

其次，个人主义和自由主义还会导致其反面：极权主义。正如巴伯所论述的：

> 极权主义的诱惑不仅在怀疑主义所遗留下的政治真空中茁壮成长，而且在激进个人主义所遗留下的精神真空中枝繁叶茂。伴随着个人独处能够带来至福（信仰）的神话，个人主义始终低估了人类对于社会交往、共同体以及各种身份认同的需要，由于缺乏提供健康的社会交往的能力，个人主义在不经意间促进了不健康的社会互动。②

个人主义和自由主义竟然会导致极权主义，这是一个非常复杂的问题，我们这里简单提一下：正是个人主义留下的精神真空滋生出极权主义。万物有度，稍微逾越，就走向对立面。

可喜的是，人们逐渐认识到个体人权的弊端，或者说认识到了人权自身的两面性或悖论性，我们不能以个体权利来对抗政府权力，否则"人权"观念本身就会出现撕裂或背反：

---

① 巴伯，《强势民主》，彭斌、吴润洲译，长春：吉林人民出版社，2006，页15。
② 巴伯，《强势民主》，页133。阿伦特，《极权主义的起源》，页238。

人权也是抵制政府万能论的武器，是矫正最高统治者否定不管以何名义存在的个体自主权这一本能的最好方法。人权的内部已出现了裂缝。人权被用作个体的保护伞，反对建立在拥有绝对权力的个体之上的政府权力。这就是人权的核心部分的正反两面，共同地融进了历史，使人权不可能得以实现。人权是"留下来的仅有悖论"，人权的出现来自悬而未决的不解之谜的自然。①

人权是抵制强权的武器，但如果使用不当，或者仅仅把人权当成给个体的保护伞，一概反对集体权力，反而会让人权无法得到保证。于是，近几十年来，人们越来越强调人权的另一个或许更重要的维度，逐渐开始承认"集体权"，也就是把"组织"当"人"看，试图以此来解决"人权的悖论"。

如果说美国和法国在18世纪提倡的"古典人权"（虽则已不"古"矣）还主要是强调自由和平等之类的个人权利，那么，20世纪尤其以《世界人权宣言》为主的"新人权"则更看重"人类"的价值和尊严：

> 至此，人权的价值观照重心已不再是孤立的个人的权利，而是旨在实现世界范围内作为类存在的"人"的独立、自由、平等及其他各种现实的经济文化权利。换言之，古典人权抑或西方人权所要塑造的是一个相对独立的政治行为个体，普遍人权所要成就的则是整

---

① 杜兹纳，《人权的终结》，页19。

个人类社会的进步。①

这里所说的"普遍人权"不是逻辑的或形而上学的概念，而是实践概念，就相当于我们所说的"集体人权"。总之，人权的主体逐渐从个体性的"人"发展为作为"类"的人，即"大写的人"或"人类"。

既然"人"不是孤立的存在，而只能生活在共同体中，我们由此还可以得出稍微强硬一点的结论：与其说存在个体性的人权，不如说集体人权更符合人类的本质。毕竟，"公民权存在并周旋于抽象的个人同一性的特殊性和抽象的人权普遍性之间。个人只有在社会中才拥有权利"。② 集体人权这种"外在人权"乃是公民国家得以建立的先决条件，而公民国家又是个体存在的基础。③ 所以，就连强烈维护个人权利的学者，也不得不充分考虑：如果个人权利太大、太过绝对，那么个人权利究竟还为国家留下了多大的活动余地？国家的性质、合法性和功能性以及国家官员的必要性等等，似乎就会成为无法证成的悬案。④ 实际上，早在"人权"初兴时，作为亲历者的柏克就清楚地看到这种个人主义观念的狭隘和僵化，"他们，不允许对他们的人权有任何的反对，不管任何政府是为了其长久而持续的安全，还

---

① 李海星，《人权哲学导论》，北京：社会科学文献出版社，2012，页205。

② 杰伊·伯恩斯坦（Jay Bernstein）语，转引自《人权的终结》，页113。

③ 桑德尔，《自由主义与正义的局限》，万俊人等译，南京：译林出版社，2001，页144。

④ 诺奇克，《无政府、国家与乌托邦》，何怀宏等译，北京：中国社会科学出版社，1991，页1。巴伯，《强势民主》，页31。

是出于正义,抑或是其政府管理中宽大的考虑"。①

马克思主义经典作家早就深刻地阐述过个人与集体之间的关系,即以"自由"这种最基本的人权来说,"只有在集体中,个人才能获得全面发展其才能的手段,也就是说,只有在集体中才可能有个人自由"。② 当然,马克思主义者不是简单的绝对主义者,所以在这段名言之后紧接着就提醒我们要警惕"种种冒充的集体"。离开共性来抽象地谈个性显然太过空洞,所以如下评价未必完全准确,却也不乏洞见:"在社会主义者看来,在各方面引起的争论并不在于是否希望捍卫人类的尊严,而在于必须透过社会关系的建立,更具体地去构想人权,更实际地去拟定人权。"③

近代自由主义思想总是把集体——尤其政府——视为邪恶的压迫性力量,而"人权"仿佛就是摆脱政府奴役的有效手段。但在霍尔姆斯(Stephen Holmes)看来,如果没有政府的保护(尤其是证人),人权就是空洞的。个人权利不是私人物品,而是公共物品,本质上是共同体的资产。其中一个极为重要的原因在于,个人权利需要大量的公共成本来维系,毕竟"对个人权利的保护总是以权力关系的创造和维持为先决条件,所以对个人权利的保护从来不是免费的"。④ 否则,国家收税的依据和目的何在?所谓"取

---

① 柏克,《法国大革命反思录》,页95。
② 马克思、恩格斯,《德意志意识形态》,见《马克思恩格斯全集》第3卷,北京:人民出版社,1960,页84。
③ 洛赫曼,《人权:在分裂世界中的普世同一性》,见《当代政治神学文选》,页144。
④ 霍尔姆斯、桑斯坦,《权利的成本——为什么自由依赖于税》,毕竞悦译,北京:北京大学出版社,2004,页66、7、163-164、53。

之于民，用之于民"，首先就是为了兑现和维护个人权利。

因此，看上去颇为讽刺的是，要保护个体性的权利，就必须首先保护集体的权威，反之亦然。没有国家或政治权威，就没有权利，而与自由主义相连的无政府主义乃是个人权利最大的威胁。尽管霍尔姆斯并不是在片面地强调政府的权威，但他也不得不承认自由取决于权威。霍尔姆斯认为，"个人权利一直是政府权力和权威的表达形式"，是一种"普遍真理"，因为"如果没有相对有效、公正、集权的官僚机构能够创设、执行权利，法律面前的平等对待就不能在辽阔的领土上实现"。① 这与其说是"真理"，不如说是"常识"。王绍光如是总结霍尔姆斯的理论："政府可以是最大的和最可靠的人权组织。……削弱政府往往不仅不能增进公民权利，反而可能危及他们已经享有的权利。"②

总之，集体人权的内容远比个体人权复杂，而不仅仅是"价值"和"尊严"之类仍然保持着个体色彩的东西。我们这里仅仅选取一个相当主要的集体人权即"发展权"来考察个体与整体的关系。大体说来，"发展权"这个概念不是指每一个个体的发展权利，而是指国家或民族的集体权利。但发展权并非与个人无关，它不仅可以通过国家实力的发展而间接让个人受益，而且是个体手中用来规范集体长远利益的权利，即"发展权可能是一条更加宽广的大路，个人可以通过它对本国政府提出各种要求"。③

---

① 霍尔姆斯、桑斯坦，《权利的成本》，页37。
② 王绍光，《民主四讲》，北京：生活·读书·新知三联书店，2018，页116。
③ 里奇，《发展权：一项人民的权利?》，见《西方人权学说》，下册，页296。

"发展权"这个概念于 1972 年由塞内加尔法学家姆巴耶（Keba Mbaye, 1924—2007）首创，后来出现在 1981 年的《非洲人权和人民权利宪章》以及 1993 年的《曼谷宣言》等重要的国际人权文献中。最重要的是 1986 年联合国代表大会通过的 41/128 号决议（尽管美国反对，英国、日本、联邦德国等 8 个国家弃权），即《发展权宣言》。它通常被视为最重要的人权成就（虽然没有产生很好的实际效果），也是人权内涵愈发丰富和完整的表现。我们不能说发展权就一定比基本权利更为"先进"，但毕竟"发展权"属于"第三代人权"，而个体人权则属于法国大革命时期的"第一代人权"。正确的说法是，个体与整体的利益必须兼顾。

但对于少数群体、欠发达地区的民族和国家，集体性的人权可能更为紧迫，毕竟"发展权是一个政治问题。对于第三世界国家来说，发展权可能是其面临的最紧迫的政治问题"。[①] 简言之，"国权"或"主权"实际上就是超大规模的"人权"。国家或各种形式的集体在某种程度上与个体的人完全同构，也就是说，"国家可以在和私人一样的程度上拥有这种意义上的权利。在这里，国家的权利就以私人的义务作为其对应"。[②] 因此，国家也具有存在权、人格、尊严和意志，这些不同层次的"人权"同样需要（即便不是更需要）得到保护。从逻辑上说，集体人权乃是个体人权的自然延伸，如果个体人权是绝对存在的，那么，集体人权也就必定存在。反之亦然。

---

① 里奇，《发展权：一项人民的权利?》，见《西方人权学说》，下册，页 280。

② 凯尔森，《法与国家的一般理论》，沈宗灵译，北京：中国大百科全书出版社，1996，页 225。

从"弱国无外交"这一惯常现象即可知道,不少国家在奉行弱肉强食丛林法则的世界政治共同体中很难有尊严,也很难维护自身的基本利益。而如果集体人权得不到保证,个体人权也就更为渺茫。在国格不存的情况下拼命强调个体人权,如果不是别有用心(比如被收买了的第五纵队),就一定是简单和愚蠢,毕竟"皮之不存,毛将焉附"的道理并不高深,而我们在过去一两个世纪遭受国际列强欺凌和侵略,导致国破家亡,丝毫谈不上个体性的人权——民族伤痛应该记忆犹新,殷鉴不远,岂敢忘怀?我们完全可以借用法律上的"法人"这个概念来比附集体人权。我们当然不能把个体性的权利与集体性的权利混为一谈,更不能让两者处于对立的状态,即不能以个体人权为由拒斥集体人权,更不能以集体人权来随意侵犯个体人权。这两者错误的情形在实践中都屡见不鲜,前者的结果就是个人主义和政治冷漠主义,后者则通向极权主义。

"发展权"实际上并不神秘,它对于国家来说同样是基本的"人权",其中就包括国家和民族的生存权、在国际上的自由表达权、国内问题的自决权、全球意义上的环境权(也就是维护包括本国生态在内的地球环境以求得自身乃至全世界的可持续发展)、经济安全和增长权、国际和平与安定的权利、人类共同交流的权利、世界文化遗产的保护权利、人道主义的施与和接受的权利等等。对内来说,维护祖国统一、反对分裂、促进国家的安全与繁荣,实际上是更大的"人权"。这种颇具"威权主义""社群主义"和"共和主义"的论点在现代普遍个人主义的氛围中往往显得不合时宜,但如果他们明白"唇亡齿寒"的道理(更不用说"一"与"多"的辩证关系),就不会把个人与整体绝对对立起来。我们当然不是要为"集权"甚至"极权"唱赞歌,但政治的本质就在于"集权",而如果人本质上就是政治的动物,那么,个体生存权的自然延伸就会形成国家的生存权。换言之,共同体的权利也是人权,或者说,它是更大也更根本的"人权"。要知道,"人权"中的"人"不是抽象的,更不是荒岛上的鲁滨逊,而是作为"类"的存在。

在更大的意义上,也就是从更"整体"的角度来说,当今已经是全球一体化的时代,全人类的命运休戚与共,任何地区的问题都不是孤立的,不仅会直接牵涉到本国的利益,也关乎全人类的生存与发展。这个世界上已经没有"小国寡民"可以供浪漫主义者施展自己汪洋恣肆的想象力,因而主权与整体人权的关系就显得极为突出了。其实,最早弘扬"人权"的法国《人权和公民宣言》第三条明确地说:"所有主权本质上都来自国家。"[1] 因此,"人权"最初的含义与我们今天的理解颇不相同(当今的"人权"观念也许走样甚至畸变了),已经具有集体人权的性质。

结合当今的"世界主义"潮流来说,如果我们能够把主权当成(最大的)人权来看待,真正做到"天下为一

---

[1] 潘恩,《人的权利》,页72。不过,中文译作"国民系整个主权之本原",似不妥。原文是 Le principe de toute Souveraineté réside essentiellement dans la Nation,英译作 The nation is essentially the source of all sovereignty,见 Thomas Paine, *The Rights of Man, Common Sense and Other Political Writings*, Oxford: Oxford University Press, 1995, p. 162。

家，中国为一人"，① 则世无纷争，安宁祥和，幸福美满。当然，这种"世界大同"实在太过美好（即乌托邦），现在还远远看不到希望。不过，我们每一个人、每一个民族和每一个国家如果能够往这个方向努力，至少能够消弭很多不必要的"人祸"。至少从理论上说，虽然主权与人权看上去不可调和，但它们的矛盾也并非永远都没有办法解决——倒不一定非要成立世界范围内的联邦，即 civitas maxima［最大的公民体］。② 但这也说明，civitas［公民体］或许不只是现代意义上的"民族国家"（nation-state），而可能有着更宏大的结构。简单地说，一般意义上的"人权"是对"内"（civil 或 domestic）而言，而整体性的人权是对"外"或"国际"（inter-nations）甚至"超国家"（super-nation）而言。

不过，我们必须面对现实。如同个人与集体的关系很难协调一样，国家主权与国际合作之间也似乎难以兼得：

> 随着全球化的进展，国家主权与跨国合作之间的

---

① 梁漱溟，《中国文化要义》，见《梁漱溟全集》，第三册，济南：山东人民出版社，2005，页131。荀子《儒效》和《议兵》中所谓"四海之内若一家，通达之属莫不从服"，其中所表达的"天下"观念会被西方人视为"大国沙文主义"。丘濬在解释吕祖谦的"巡守"制度时，提出的"万方一国，四海一家，如肢体之分布，如心手之相应"（《大学衍义补》，见《丘濬集》，第2册，周伟民等点校，海口：海南出版社，2006，页757），倒是很美好的景象，但它所讲的"传檄而定"本质上也是"天朝型模的世界观"（殷海光语），很难让现代人愉快地接受。

② 劳特派特，《国家主权与人权》，见《西方人权学说》，下册，页522-527。康德赞成这种世界联邦，但舍勒却持否定态度，而施米特对此极为悲观，甚至认为根本就不可能。

矛盾日益尖锐:在一个各民族国家想要兑现其保证安全的诺言,就必须结成跨国的(军事和安全)同盟的世界上,兑现主权诺言是同放弃主权诺言联系在一起的。①

与内政方面的"契约论"一样,国家主权的让渡乃是世界国家得以形成的前提条件,但谁来主持让渡(who),让渡哪些权利(which),让渡到什么程度(what extent),怎么让渡(how),让渡给谁(whom),这些问题恐怕都不容易解答。

最为重要的是,我们在强调"国权"与"人权"的密切关系时,也要清楚地看到两者的差别,警惕任何人、任何国家以公共或"世界"(比如"联合国")的名义来践踏人权。实际上,"人权法已经把团体作为必须承认的现实,因为团体成为践踏人权的受害者的情况实在是太普遍了"。② 团体既可能是受害者(即国际关系中的"弱者"),更可能是施害者,尤其是那些实力强大的团体。比如说,发展权本来是每一个国家的基本权利,但强国并不愿意承认这一点。美国退出联合国教科文组织的理由就是反对这种"发展权",在它看来,发展权属于经济范畴,且模糊不清,难以界定。最重要的是,美国认为,强调集体

---

① 贝克,《全球化时代民主怎样才是可行的?》,见贝克、哈贝马斯等,《全球化与政治》,王学东,柴方国等译,北京:中央编译出版社,2000,页25。

② 里奇,《发展权:一项人民的权利?》,见《西方人权学说》,下册,页285。

权利，就会牺牲个人权利。① 这在理论上似乎并没有问题，但其背后的"强权正义"或"霸权主义"却昭然若揭。

即便如此，我们也必须认识到，个体人权和集体人权的关系应该是相互补充和相得益彰的，即以集体性的发展权来说，它其实同时也是一项个人性的权利，尽管它实际上必须以个体人权为基础，因此，"发展权绝不意味着废弃现存的个人权利，相反，只意味着加强了现存的权利"。② 实际上，所有的集体人权都不是要压制甚至取代个体人权，而是与此相反；双方即便不是相得益彰，也至少可以相互平衡：

> 有人批评人民的权利威胁个人的基本权利，这种批评有时含有这层意义，即：个人权利是一成不变的，是绝对的。事实上，个人权利经常为他人的个人权利、民主社会的利益（后者属于集体利益）所平衡。③

我们刻意凸显"人权"的公共维度，是为了让我们更为丰富而立体地理解这个概念，以免被个人主义带偏了方向，毕竟个人权利不能脱离集体存在。但我们并不是不清楚集体人权的危险性，正如我们同样深知个体人权的积极意义及其如影随形的痼疾。总之，个体权利和集体权利的关系除了具有辩证性，还具有更微妙的层面：

---

① 特里格思，《人民的权利和个人的权利：冲突还是和谐?》，见《西方人权学说》，下册，页300。

② 里奇，《发展权：一项人民的权利?》，见《西方人权学说》，页287。

③ 特里格思，《人民的权利和个人的权利：冲突还是和谐?》，见《西方人权学说》，下册，页303。

个人权利同样是由集体赋予、设计、改造、解释、调整和执行的,以促进被广泛认定的集体利益。出于集体的考虑,这些利益受到了公共机构的保护,包括立法机关和法院。公认的和重要的是,一旦权利授予个人,其运作可以在某种意义上"对抗"集体。政府不可以仅仅以多数的意志没收财产。但即使被没收了财产,权利仍旧首先为了集体并受到了集体的保证。既然离开了组成集体的个人,集体也就不复存在,那么只有当集体在政治上组织良好时,集体才能界定、授予和保护权利,并且只有当集体能够以始终如一的方式、通过负有责任的政府手段来行为时。①

与现代人崇尚归纳法不同的是,古人更看重演绎法。集体不是简单由个体所组成,相反,在古典政治哲学的视野中,个体必须以集体为前提条件。也就是说,集体或整体虽然在时间上或事实上"后于"个体,但在逻辑上却"先于"个体。个体的存在更多的是"经验"的,而整体却是"先验"的。当然,我们也同时必须提防集体人权对个人人权的侵害(这也是美国宪法第九修正案的立法意图之所在),因为"任何强大到足以保护个人权利并促进普遍福利的权力,同样也会强大到足以破坏这些权利,并服务于权力支配者们个人的奇思怪想"。②

权利与义务

"人权"即权利,必然涉及义务,而权利义务关系古已

---

① 霍尔姆斯、桑斯坦,《权利的成本》,页84。
② 霍尔姆斯,《反自由主义剖析》,曦中等译,北京:中国社会科学出版社,2002,页286。

有辨，几成常识。兹事体大，我们这里不拟展开，点到为止即可。表面而言，权利关乎自己，看上去就是"内"；义务针对他人，似乎就是"外"——这样的视角符合"存在论"或"本体论"，毕竟"权利"具有本体论地位：内即权利，外即义务。

存在论只有在理论上或逻辑上是正确的或合理的，却并非是最高的。与现代哲学过分高扬本体论不同，传统哲学（尤其是中国哲学）不那么纠缠于"有无"之类的玄思，而更看重天地自然所支撑的伦理道德境界，也就是更注重人类社会的文明程度。因此，从更为深刻的"文明论"来说，利他显然高于利己，毕竟"利己"从来都不是一个褒义词。也就是说，"人权"的主体必须是真正的人，也就是在"在世存在"上合格的人，只有充分完成了自身义务的人，才算是完整的人，才有资格谈权利。

每一种权利都有一种义务与之对应，没有纯粹或绝对的权利，相反，倒是可能有纯粹而绝对的义务，比如虔敬、孝顺与护生（包括不能自杀）。凡是与"神圣"相关的，都近于义务，因而义务看上去总比权利更为神圣。权利以义务为基础，而道德并不以权利为基础，也就是说，义务比权利更为根本。① 所以，在普遍、整全和高尚的意义上来说，义务作为人之为人的"高级法"（higher law）才是"内"，而"权利"这种"身外之物"其实是"外"。义务乃是属人的基本要求，即朱子所谓"性分之所固有，职分

---

① 拉兹，《自由的道德》，孙晓春等译，长春：吉林人民出版社，2010，页183-184。温斯顿，《人权的性质》，见《西方人权学说》下册，页168。

之所当为"。① 所以，内即义务，外即权利。

关于权利之于人的正当性、合法性、必要性、根本性，前面已有充分的阐述，这里需要以义务为参照系甚至"对手戏"来看待其限度——万物都有限度，倒也不值得大惊小怪。我们尤其希望能够对权利或权力有所牵制，以免其强大的力量为虎作伥。权利与权力当然是不同的概念，但它们之间关系紧密：权利作为一种强势的自我主张，本身就是一种权力。如果说权力既能为善也能作恶，那么，本体性的权利同样如此。权力和权利都有天使与魔鬼的两面性，远不是单靠人性就能驾驭得住的。柏拉图有言："人的自然本性压根无法控制人类事务，当他拥有主宰一切的权威时，无不充满肆心和不义。"② 这里的"自然本性"（physis）也就是人性，远不是那么强大。"自然"当然是一个美好的品质，却未必是最高的东西，由此我们也就不难理解近代士人所宣言的"自然权利"的有限性了。

如果人性本身并不是那么靠得住的话，我们就不能指望它能降伏和驯服暴烈的权力和权利，柏拉图《理想国》第二卷中那位手握隐身魔戒的巨吉斯（Gyges）就是明证。实际上，人类用不着掌握绝对的自主权（autokrator），哪怕手握一丁点权力，似乎都有变坏的可能。阿克顿勋爵那句广为传颂的名言——"权力倾向于腐败，绝对的权力绝对

---

① 朱熹，《大学章句序》，见朱杰人等编，《朱子全书》，上海：上海古籍出版社、安徽教育出版社，2002，第 6 册，页 13。

② 柏拉图，《法义》（旧译"法律篇"）713c6-8，见《柏拉图〈法义〉研究、翻译和笺注》，林志猛译，上海：华东师范大学出版社，2019，第二卷，页 77。

要腐败",① 可谓道尽了人间的苍凉和无力:人类的集体生活不可能没有权力来主持,人类的历史往往是由大权在握的大人物领导人民完成的,但权力必然导致人类腐化堕落和道德败坏。而认为权力会让人变得神圣,那才是真正的异端邪说。

孟德斯鸠早就指出:"自古以来的经验表明,所有拥有权力的人,都倾向于滥用权力,而且不用到极限绝不罢休。"② 实际上,古人更懂得这一点:"任何罗马市民和其他一切受罗马国家权力管辖的人均不得过分地和无故地虐待自己的奴隶。……我们不应当滥用我们的权利。"③ 但在实际生活中,滥用权力乃是必然的,这是权力的本质使然。此外,我们还要看到,权力和权利既是"无限"的,也是"自限性的",甚至是自反性的(即悖论性的)。我们从中获得的东西越多,就越危险,就越容易走向反面,恰如孟德斯鸠所言:"人民取自自由的越是显得多,他们就越接近失去自由的时刻。"④

权力和权利背后都是难填的欲壑,这就是权力和权利最深刻的人性论基础。⑤ 权力和权利本身并不是欲望,反倒因其在人世的必然性而有着极为重要的存在论意义(详上),甚至作为"牧养"人民的技艺而近于神,也就有着神圣的基础——这就是作为权力或权利的 themis 的原初含

---

① 阿克顿,《自由与权力》,侯健、范亚峰译,南京:译林出版社,2014,页 256、294(译文有改动)。亨廷顿,《失衡的承诺》,周端译,北京:东方出版社,2005,页 277。
② 孟德斯鸠,《论法的精神》,页 166。
③ 盖尤斯,《法学阶梯》,页 18-20。
④ 孟德斯鸠,《论法的精神》,页 119。
⑤ 霍布斯,《利维坦》,页 72。

义。手握权力的放牧人不是为了养肥自己才去放牧,而是为了"被放牧者"的利益,使之"不野蛮,也不同类相食,既不打仗,也无内讧"(柏拉图《治邦者》271d-e)。权力是为了让世界变得更文明,统治是为了全体的利益(《理想国》540b),在古典思想中,为了他人利益的行动才称得上公正(亚里士多德《尼各马可伦理学》1129b-1130a)。

也就是说,权力和权利的最终目标是"利他",这才符合"天道"或"自然",否则"为了自己的利益而攫取他人的财富比死亡、痛苦以及各种类似的东西都更违背自然"(西塞罗《论义务》3.24)——这就是古人对"自然权利"的理解。但随着"自然"观念的式微,人们不再把权利扎根在自然之中,即便还在谈"自然权利",但随着"自然"的祛魅(即"去神圣化""物理化""非目的论化"),"自然权利"徒具空壳,也就根本无法支撑起人类生活这么伟大而沉重的任务了。

人权必须以真正的"自然"为基础,否则就站不住脚,反倒会成为欲望的帮凶。这在古代根本就不是问题,即便现代人也有与此类似的看法:

> 人们并不曾有过疑问,人权是可以写在自然这部书里的,而要去请教别的什么便是误解人权或是侵犯人权了。人们是在圣书里,在可敬的作者那里,在教皇的圣谕里,在国王的敕令里,在风俗集成里,在教会的编年史里,寻找可以被允许得出他们结论来的那些准则和范例。[①]

[①] 孔多塞,《人类精神进步史表纲要》,何兆武、何冰译,南京:江苏教育出版社,2006,页83。

不管我们如何理解"自然",它在古今人类思想中都是相当高的权威(即使不是最高的权威),如果我们不诉诸"自然",那么很显然"人们更关心的倒不是人权、对个人的正义,而是各个政府的野心、虚骄和贪欲"。①

如果不以自然为准绳,那就不仅是误解人权或侵犯人权,同时也是在放纵野心和贪欲,因为"当自然不再是权利的标准,所有个体的欲望都会变成权利"。② 但如果我们轻佻地理解"自然"(比如视之为机械而盲目的力量),那么所谓的"自然权利"也仍然不过是欲望的遮羞布而已。施特劳斯看得很清楚,霍布斯、洛克和斯宾诺莎等人表面上还是把自然权利放置在自然法这个基石上,但现代自然权利理论与其说是以自然法为基础,不如说是以自然状态为前提,而在自然状态中,"只有不折不扣的权利,而没有不折不扣的义务(there are perfect rights but no perfect duties)"。③ 自然法降格为自然权利,随着"自然"观念的蜕变,自然权利归根结底就是自然状态下的权利。

法权的基础不再是神意和天道,"自然状态"成了现代政法理论的新支柱,但可惜的是,这种理论新贵似乎并不能说明什么问题,因为"有史以来关于'人的自然状态'的学说浩如烟海,它们无一例外地只是任意的图画;这图画出自各个不同时代利益的政策的手笔,它'解释'不了任何东西,本身却可以从历史和心理角度得到解释"。④ 结果,人类生死攸关的大事情就被这种根本解释不了任何东西而自身却还需要进一步不断解释的虚假理论所掩盖和耽

---

① 孔多塞,《人类精神进步史表纲要》,页99。
② 杜兹纳,《人权的终结》,页10。
③ 施特劳斯,《自然权利与历史》,页188。
④ 舍勒,《论人的理念》,见《舍勒选集》,页1283。

误了。

最为可怕的是，人类生存这座大厦如果建立在这种脆弱无力的基础上，焉得不摇摇欲坠、四处漏风，甚至把人类埋葬在它的下面？这种"豆腐渣"理论工程对人类的危害自不待言，这种看似高扬人类地位的"华美"理论框架，最终会变成人类自身的棺材。谓予不信，请看看近代思想家们的高论。在斯宾诺莎看来，在自然状态中，个人的自然权利与个人的欲望和力量在人类生活中起着相同的作用，甚至后者还远比理智更为强大：

> 较之受理性的指导，人们更多受盲目的欲望所驱使，所以，人的自然力量，亦即自然权利，不应该由理性，而应该由人们借以决定行动和努力保全自己的诸种冲动（appetitus）来予以规定。①

人的自然状态除了理性和意志之外，还有更为强大的"欲望"，甚至后者才是真正起作用的力量，自然权利最终靠人的欲望来决定！我们对欲望并没有宋明理学家那种道德洁癖式的看法，但无论如何它都撑不起人世的一切。

自然权利在自然状态中已不再是高贵的追求，而是最低的"自保"（self-preservation）。我们并不拒斥"自保"——亚里士多德在他的《政治学》中也大量谈到这种基本的生存权，但如果我们仅仅以此为圭臬，则无疑会导致个人主义。在这种情况下，人的理性实际上成了欲望的奴隶，对权利的弘扬实际上成了个人主义的传声筒。现代社会的原子式

---

① 斯宾诺莎，《政治论》，冯炳坤译，北京：商务印书馆，1999，页11；斯宾诺莎，《神学政治论》，页213。

个人主义大行其道，盖有以焉：

> 因为每个人从本质上来说是受自私自利的贪欲与欲望所激发的。每个人都寻求自我的满足。这不仅仅意味着人的世界是由分立的原子构成，每个人都在寻求他们自身的满足，也意味着从这些原子式的个人观点中的每一个出发来看，其他人看起来都是客体，他们并没有碰撞我们的时候是中立的，否则的话就会有助于或阻碍我们的目的和我们的欲望满足的实现。①

斯宾诺莎也看到了欲望及其背后的个人主义的可怕之处，主张把权力和权利交给共同体："自由权可以并且应当交给国家与行政当局而无危险。否则，事实上和平就要受到威胁，社会也蒙其害。"② 这与我们在上述"个体与整体"中的说法表面相通，但以自然状态为基础而形成的这种共同体本质上是由欲望的个体所组成的，因此它很难克服其自身的问题。斯宾诺莎说：

> 如果人要大致竭力享受天然属于个人的权利，就不得不同意尽可能安善相处，生活不应再为个人的力量与欲望所规定，而是要取决于全体的力量与意志。若欲望是他们唯一的指导，他们就不能达到这个目的（因为随着欲望的规律，每个人就被牵到一个个不同的方向）；所以，他们必须断然确定凡事受理智的指导

---

① 阿巴拉斯特，《西方自由主义的兴衰》，上册，曹海军等译，长春：吉林人民出版社，2011，页44。
② 斯宾诺莎，《神学政治论》，页16。

(每人不敢公然弃绝理智,怕人家把自己看成一个疯人),遏制有损于他人的欲望,凡愿人施于己者都施于人,维护他人的权利和自己的一样。①

斯宾诺莎这种"美好"的愿望很可能会落空,因为即便我们要尊重理性的指导,克服欲望的泛滥,"全体的力量和意志"也依然很成问题,本身不过是欲望的集体表演而已,而且这样仅仅把他人看成客体的原子式个人主义所组成的全体,仍然是一盘散沙。

也就是说,正是因为现代"自然权利"理论所依据的"自然"和"理性"都已严重变形,它才会在其必须为之努力的社会构建过程中几乎完全失效。在近代哲学(尤其德国古典哲学)中,理性的首要任务就是证明"我"(如笛卡尔的"我思故我在")甚至"绝对自我"(比如费希特),这样的理论体系即便不会直接产生个人主义,至少在自我与他人的关系上也会走向僵化和绝对。更何况,"理性"的含义、功能和目标也已发生严重偏转,最终成为"人为自然立法"的工具。这场哥白尼式革命长期为现代人颂扬和感激,但其后果无疑是灾难性的,至少可以说,"康德的革命表现为把意义和法律的基础从上帝和超验身上转移到人和社会上",颠倒了古代"自然为人立法"的道理,实际上是"为对权利优势地位和对个人欲望的普遍认可提供了哲学上和道德上的依据"。②

近代哲学看上去弘扬了人的主体地位,也为法国大革命的人权理论作出了精妙的哲学总结,实际上可能败坏人

---

① 斯宾诺莎,《神学政治论》,页214。
② 杜兹纳,《人权的终结》,页207-208。

的认识，让人无法准确地定位自身，最终会在欲望的泛滥中彻底败坏人类自身，此即"拜倒"或"拜而使之倒"（又曰"捧杀"）的绝佳例证。人的地位无限拔高，人的权利也就相应地近乎神圣，但实际上就已经让"权利"成为外在的东西，更与社会伦理无涉：

> 就像一般的法权仅仅以行动中外在的东西为客体一样，严格的法权，即不掺杂任何伦理性因素的法权，就是除了以外在的规定为根据之外不要求以任性的其他任何规定为根据的法权；因为这样一来，它就是纯粹的、不掺杂任何德性的规定。①

离开了真正的自然法，权利不仅无法得到有效的保障，本身还会成为"缺德"或"失范"社会的帮凶。

现代权利只关乎自由，不涉及德性，再加上过分抬高权利，会使得权利的形式和内容产生分离，从而让权利成为"空心体"甚至"思想毒素"，

> 诱使人们误以为权利本身就是神圣的、无限的，可以不受任何客观措施的限制。人开始以此为理由，拒绝给自己利己性的——要求——施加任何限制。为了伸张欲望，人开始以其他存在物的受损为代价，主张绝对的独立和绝对的权利。②

---

① 康德，《道德形而上学》，李秋零译，见《康德著作全集》第6卷，页240。
② 马里旦，《自然法：理论与实践的反思》，页52。

但（自然）权利并不神圣，它与自由、民主和平等之类现代最高价值一样，归根结底都是资本主义的开路先锋，即意识形态宣传，本质上是为了让资本得以平等而自由地流通，同时还能得到最大限度的即国家形式的保护。马克思在《资本论》中深刻地指出："资本是天生的平等派，就是说，它要求在一切生产领域内剥削劳动的条件都是平等的，把这当作自己的天赋人权。"①

无论是在所谓的"自然状态"下，还是在现实生活中，权利其实是自我欲望最冠冕堂皇的存在理由（raison d'être）。即便我们还有理智，一方面很难真正驾驭欲望，因为人的欲望之力量远远大于人的理智，另一方面，现代理性早已成为欲望的仆从，更没法指望靠它来牵制和驯服欲望了。所以，现代"自然权利"所扶持起来的国家和社会即便不是资本游戏的操盘手，至少也是各种社会危机的温床。青年时代的马克思和恩格斯早就看到一个现实，即"以人权的形式承认和批准现代资产阶级社会，即工业的、笼罩着普遍竞争的、以自由追求私人利益为目的的、无政府的、塞满了自我异化的自然的和精神的个性的社会"。②

人固有理性，理性也有强大的力量，但经过现代的"本体论斩首"之后，理性（与人权）一样也是空洞的甚至破坏性的。因为，"理性"以及"自然"本身就是以否认神圣和绝对的精神领域（包括祖宗成法或习俗）而起家的，也就是斩去了整体存在的头颅，而"这样一种本

---

① 马克思，《资本论》，见《马克思恩格斯全集》，第23卷，页436。

② 马克思、恩格斯，《神圣家族》，见《马克思恩格斯全集》，第2卷，页156。洛赫曼，《人权：在分裂世界中的普世同一性》，见《当代政治神学文选》，页145。

体论斩首（decapitation）的直接后果便是术语陷入混乱，以至于'理性主义'一词成了某种真正非理性态度的名称。'理性主义者'（rationalist）否认精神秩序在他自身中是一种活生生的力量，从而犯下了摧毁实在秩序的原罪"。① 这种看似理性的非理性主义在哲学上就是"去精神化"，在形而上学方面则浅薄无根。殊不知，理性主义需要一套健全的本体论作为支撑。

我们在现代自然权利传统中看到了理性主义，但其作用实在太过微薄，因此我们"零售理智，批发疯狂"。而且由于理性（以及它所支持的权利等现代观念）的内涵、功能和目标的异化，结果"我们越是培植起理性，也就越多地培植起虚无主义，我们也就越难以成为社会的忠诚的一员。虚无主义不可避免的实际后果就是狂热的蒙昧主义"。② 这种理性主义反倒催生了虚无主义，导致人类的无家可归。究其原因，我们可以说，正是理性和权利等半生不熟的东西让人类精神越发贫瘠和荒芜。另一方面，理性主义的狂热蒙昧主义直接造成了人类世界的"现象式着魔"（phenomenal obsessions），其中与我们话题相关的表现就在于，"17世纪末，私有产权的程序性保护已经着魔到了这种地步，以至于洛克的《政府论》压根儿没有关于社会义务的问题"。③

自然与神圣的分离，权利与义务的分裂，就是现代诸多危机最深刻的根源。由此我们不妨更同情地理解麦金泰尔，他认为自然权利或人权乃是现代人的虚构，应该抛弃

---

① 沃格林，《新秩序与最后的定向》，李晋、马丽译，贺晴川、姚啸宇校，上海：华东师范大学出版社，2019，页238。
② 施特劳斯，《自然权利与历史》，页64。
③ 沃格林，《新秩序与最后的定向》，页230。

掉,话虽决绝,亦不无道理。甚至有学者认为:

> 麦金泰尔对权利导向道德的批评反映了现代西方道德文化的根本缺陷:含混不清与自私自利的自我概念、过多的权利主张,以及共善概念的缺乏。从这种意义上说,麦金泰尔对基于权利的道德的批评以及他对回归(亚里士多德式)基于美德的道德的迫切愿望可以理解为一剂治疗现代西方个人主义道德疾病的药方。①

麦金泰尔的亚里士多德主义式的美德伦理学(virtue ethics)是否就是救治现代西方个人主义道德痼疾的良方,以及他对(现代)自然权利的批判是否就能解决"权利"与生俱来的悖论,都还需要进一步研究,但我们必须深究西方思想现代流变,直面当前的现实,结合古代传统的经典教导、其他流派的理论、其他文明形态的论述(尤其是中国传统文化的宝贵资源),尤其要对未来有一个较为准确的定向(即沃格林所说的 orientation),予以全面而整体的研究。麦金泰尔所指出的"权利"背后的个人主义无疑是当代人类精神的大问题,正如劳埃德所指出的:"现代人谈论得很多的权利在古人看来也许就是一种具有侵略性的个人主义。关注公平、公正和责任,比只谈论权利能提供一个更宽广的基础来处理有关问题。"②

义务无疑是权利最好的平衡或对冲,如果只强调其中

---

① 李承焕,《儒家基于美德的道德中存在权利观念吗?》,见梁涛主编,《美德与权利——跨文化视域下的儒学与人权》,北京:中国社会科学出版社,2016,页138。
② 劳埃德,《古代世界的现代思考》,页190。

一方，这种有机、动态、互助的平衡就会被打破，从而让人类社会难以为继。现代性的种种问题几乎都是（借用尼采的术语）由"权力意志"（the will to power）引起的，如果我们上述关于权力与权利关系的论述能够站得住脚的话，那么现代社会的问题也是由个人主义的"权利意志"（the will to rights）所导致的，毕竟"在失去控制的个人主义社会之下，至少在美国，所谓作为其中心观点（法律或宪法上）的'权利'一词，与传统观念里一体之两面的权利义务，有着极大的悬殊"。①

传统的自然法是以他人的权益为旨归，并以此为基础造就人世的美好，但现代的"权利"或"自然权利"却发生了根本的转变，即如凯尔森所谓"权利的最终内容就是某个别人义务的履行"，② 或者如塔克所说的"享有权利是指通过某种方式将一项义务加于他人并能规范他人对权利主体的行为"，③ 权利变成了对他人而非对自己的要求，结果当然就滑落成自私自利的"正当"理由。不仅"权利"观念发生了颠转，"义务"的内容也大相径庭："义务（obligatio）是一种纽带（vinculum），是将协议双方结合到一起的链条而不是仅由其中一方负有的义务。……有一项义务（obligatio）就是可以从协议中获益，有一项权利（ius）也是同样的意思。"④ 但在我们今天的语境中，权利和义务都是单向的，即权利是自己的，而义务多半是别人的。这样就割裂两者的联系，而实际上两者都是双向和复调的。

---

① 霍布斯鲍姆，《极端的年代》，郑明萱译，南京：江苏人民出版社，1999，页512注释1。
② 凯尔森，《法与国家的一般理论》，页85—86。
③ 塔克，《自然权利诸理论》，页8。
④ 塔克，《自然权利诸理论》，页12。

单讲（人的）权利看起来更彰显人的价值，实际上却会遮蔽人类的双眼，放纵天生的欲望，最终败坏自己的人性，结果适得其反。所谓自然权利，其实就是自然欲望。假如把善恶的评价权都完全交给欲望（和意志），实际上也就不存在善恶了——这就是"自然状态"的真实写照，也是"自然权利"的秘密所在："如果我能欲望，我就可以占有和享有它：这就是**自然权利**。"① 在个体欲望的放纵之中，自然"正当"（right，单数）消失了，人类的评价标准只剩下"自保""自由""平等"之类的东西，它们看似有理，实则为非理性欲望的代言人。人们不再关心"正当""正义""德性"之类更高贵的价值，人类社会由此已经沦落到何种程度，自是不言而喻。其实，柏克早就看到了，"在人权获得凯旋的光辉中，所有自然的是非观念都将丧失，必然会带来这样的后果"。②

我们并不否认"权利"对于个体以及集体乃至整体在存在论上的奠基意义，我们反对的只是单向度地（one-dimensionally）强调权利，毕竟生活乃至现实存在本身都是多维的（multidimensional）。权利不是万能的，也不是在任何地方都行得通的。比如说，

> 家庭成员很少吁求个人权利和公平决策的程序，这不是因为家庭存在过分的不正义，而是因为一种宽厚的精神成了家庭的优先诉求，在这种宽厚的精神中，我很少要求自己公平的份额。这种宽厚也不必然含而

---

① 塔克，《自然权利诸理论》，页186。粗体字为所引原书中的强调。

② 柏克，《法国大革命反思录》，页126。

不露，因为我从仁爱中得到的份额等于或多于我在正义的公平原则下所能得到的份额。①

权利在作为社会细胞的家庭中就不是那么重要（尽管不是没有，也不是不讲），但如果在家里不讲"爱"，而过多地讲"权利"或"法权"，就会行不通。相反，在家庭中，我们看到更多的是"爱"，而不讲"法权"，所获得的远超于前一种情况。如果说现代人的家庭观越发淡漠，很大程度上就是权利观念在作祟——中国的现状亦未能幸免，梁漱溟也有类似于桑德尔的说法，但更具"中国味道"：

> 权利一词，是近数十年来之舶来品，译自英文rights。论其字之本义，为"正当合理"，与吾人之说尚初无不合。但有根本相异者，即它不出于对方之认许，或第三方面之一般公认，而是由自己说出。例如子女享受父母教养之供给，谁说不是应当的？但如子女对父母说"这是我的权利"，"你应该养活我；你要给我相当的教育费"——便大大不合中国味道。假如父母对子女说"我应当养活你们到长大"；"我应给你们相当教育"；——这便合味道了。就是父母对子女而主张自己权利，亦一样不合。②

中国古代与西方古代一样，主张义务优先。施特劳斯说："前现代的自然法学说教导的是人的义务；倘若说它们

---

① 桑德尔，《自由主义与正义的局限》，页41。
② 梁漱溟，《中国文化要义》，见《梁漱溟全集》，第3册，页93。

多少还关注一下人的权利的话，它们也是把权利看作本质上由义务派生出来的。"① 如果说法家更重法权，而儒家更讲仁爱，那么人权和爱的关系就是古老的儒法之争。我们这里仅仅从"爱"的角度来看，法权论者"严而少恩""伤恩薄厚""无教化""去仁爱""刚毅戾深"，难为长久之计，也不能从根本上解决人性中的问题。与权利、理性和形而上学相比，"爱"更温暖，更有凝聚力，更有利。可惜，笔者目力所及，学界很少人研究"人权与爱"这样有趣而又重要的问题。与此相比，柏克这位著名的"保守主义者"两百多年前的看法比我们现在的诸多人权理论都要"摩登"得多：

> 这些人太过专注于他们关于人权的理论，而彻底遗忘了人的本性。他们非但没有开辟出一条通往对人性理解的新的道路，反而成功地堵上了已经通往心灵的道路。他们不仅腐败了自己胸中本来好端端地存在着的人类固有的同情心，而且还腐化了关心他们的人的同情心。②

权利与权力一样，具有强大的能力，当然也会具有很强的腐蚀性。权利是自保或自存的依据，但如果使用不当，也是"自噬"的可怕力量，必须有一种更高的、更强大的力量予以"中和"，方才不至于泛滥。而"爱"就是这样的解毒剂，它看上去柔弱，却无比强大，就像《道德经》所说的"柔弱胜刚强"，像水一样，无孔不入，无坚不摧：

---

① 施特劳斯，《自然权利与历史》，页186。
② 柏克，《法国大革命反思录》，页104。

"天下莫柔弱于水，而攻坚强者莫之能胜，以其无以易之。弱之胜强，柔之胜刚，天下莫不知，莫能行。"（《道德经》78章）如果说义务之于权利为"反"，两个相反的东西相互成就，就是"反者道之动"；而在更为实际的层面，"爱"这种弥漫天地间的柔弱而又伟大的品质，则有着比权利更大的用处，此即"弱者道之用"（《道德经》40章）。詹姆士也说，唯有柔弱，才能强大，人不能靠骄傲自大来过日子——"这才是进入宇宙深处的唯一门户"。①

"爱"能够深入每一处缝隙，滋润过度亢奋而焦灼的心灵，滋生善良和美好的品德，自然也就构建出和谐而幸福的世界。甚至从人世道理这个更根本的角度出发，我们可以看到，自由、平等之类可能只是初级的权利，而爱、正直、慈善（或"博爱""爱人类"）这些才是真正的"人权"。爱、谦卑、诚实、虔敬、畏惧、牺牲、奉献之心乃是比权利更高的要求，也可以说，它们是更高级的"人权"。现代人权观念必须回复到这个正道上去，才算重新回到了人世的正轨。我们不是要在"爱"和"谦卑"中建立人权的"飞地"，而是要充分看到现代人权的限度，保护洁净的人类精神，使之不被过分坚硬而绝情的"权利"所污染！

我们没有必要过多地颂扬权利，它很基本，这个世界上还有很多东西都比它高级。在这个丰富的世界中，很多东西都是成双成对即相互依存而又相生相克的，我们眼里如果只有其中一种，无疑就成了这种东西的奴隶。在阿伦特看来，（古希腊的）奴隶不算人，也就没有人权，而且也没有可能想到人权，更无法维护自己的权利。但与许许多

---

① 詹姆士，《多元的宇宙》，吴棠译，北京：商务印书馆，1999，页165。舍勒，《德行的复苏》，见《舍勒选集》，页723。

多（因过分强调权利而）无家可归即失去家园的现代人相比，奴隶还不算最糟糕的：

> 甚至连奴隶们也仍然属于某种人类社群；他们的劳动被需要、被使用、被剥削，这使他们被保留在人类范围之内。做一名奴隶，毕竟有一种明显的特点，在社会中占有一个地方——不止是抽象意义上单纯的人。那么，降临在越来越多的人头上的灾难就不是失去具体的权利，而是失去愿意和能够保护其任何一种权利的社群。由此造成的结果是人可以在不失去他作为人的基本特性，不失去他的人类尊严的情况下失去所谓的"人权"。只有失去了一个国家，才使他被逐出人类。①

这样的说法很容易遭人非议，但个体性的人权根本无从得到保证，也就毫无意义。② 在普遍高扬人权的时代，人权却总是因为缺少具体的实现手段，变成一种讽刺，但很多人误以为自己是权利的主人，实际上已经沦为权利和理性的奴隶而不自知，这才是人类最危险也最可悲的存在状态。

权利不能单独存在，它还必须以"爱"为必要的补充和引导，因为义务就是"爱"的题中之义。义务虽然远不如爱更能防止并治愈权利造成的创伤，却已经是尘世之中最靠近神圣境界的重要事物。世间任何东西都是由相辅相成的东西构成的，都是悖论性的存在，相对的两方必须保

---

① 阿伦特，《极权主义的起源》，页390。
② 杜兹纳，《人权与帝国》，中文版导言，页4。

持必要的张力。我们需要看到,权利本身就意味着责任,也就意味着义务。密尔虽然是自由主义思想家,却也不得不承认:"不管我们怎样来界说或理解这个权利观念,任何人都不能享有一种支配他人权利的权力(除了在纯粹法律的意义上),因此,他被允许拥有的任何这样的权力,在该用语的最充分的含义上,也都是在道义上的一种责任。"① 权力是责任,也就是义务,权利亦然。

我们不能把权利和义务绝对对立起来,而应该在更深的层次上看到,义务就是权利的婉转表达,对自己是义务,对他人就是权利,反之亦然。比如说,不受侵犯乃是每一个人的基本权利,实际上这同时就是每一个人的"普遍义务"和"绝对义务",因而"在所有的绝对义务中,首先是不侵犯他人的义务。它是所有义务中最具深远影响的,它将所有人当作人对待"。② 其实,如果把每个人都当人看,民胞物与,万物齐一,就根本不需要权利和义务理论来调节和规范,也不会把"利他""爱""尊严"之类的东西当成多么了不起的东西。百姓日用不知,自然而然。

当一切美好的道德都已经内化到心灵中,人就不会感到任何外在的强迫——现代所谓的"义务"(obligation)就有"强迫"(obliged)的意味,而传统的义务却没有这么被动而消极的色彩。在古希腊语里,kat-orthoma〔义务〕就表示根据(kata)正确(orthos)而来的绝对命令。在拉丁语中,义务(officium)来自 opificium,而后者是 opus〔需要〕和 facio〔做〕的复合词,因此"义务"就是"需

---

① 密尔,《代议制政府》,汪瑄译,北京:商务印书馆,1982,页 152。

② 普芬道夫,《人和公民的自然法义务》,页 79。

要做"的事情。不仅如此,义务还与"高尚"直接相关,完成了义务,做了需要做的事情,就是高尚的(西塞罗《论义务》1.8)。

尽管古今权利和义务的内涵多有不同,但二者不能分割开来。黑格尔说:

> 在普遍意志跟特殊意志的这种同一中,义务和权利研究合而为一。通过伦理性的东西,一个人负有多少义务,就享有多少权利;他享有多少权利,也就负有多少义务。在抽象法的领域,我有权利,另一个人则负有相应的义务;在道德领域,对我自己的知识和意志的权利以及对我自己的福利的权利,都应该只是同义务一致并应该是客观的。①

在法权领域,权利和义务针对的是不同的对象或主体,但在道德领域,权利和义务的主体是同一的,即"我"。即便从世俗的意义上来说,也就是为了生存而作的计算,我们都应该明白黑格尔这里所说的"一个人负有多少义务,就享有多少权利;他享有多少权利,也就负有多少义务"。因为,"如果一切权利都在一方,一切义务都在另一方,那么整体就要瓦解,因为只有同一才算是我们在这里能够稳固的基础"。② 即便仅仅是为了整体的不瓦解,我们也必须把权利义务统合起来,更不用说人类还有远比"存在"更高的追求。

在权利和义务的关系问题上,古人必然有以教我,而

---

① 黑格尔,《法哲学原理》,页295。
② 黑格尔,《法哲学原理》,页296。

且中国的传统资源也有着相当大的价值,在治疗现代道德疾病方面,显然不亚于麦金泰尔的美德伦理学。"不幸的是,政治哲学放弃了对传统至善社会的历史的和理论的探索,而蜕变成行为主义的政治学和教条式的人权法理学。"① 我们这里暂不涉及西方古典思想的有益教导,仅仅简单说一说中国古代伦理思想的意义。②

中国古代是否有权利义务观念,这本身是一个颇为现代的问题。如果按照西方的理论来看,中国古代的君王和统治阶层只有权利,没有义务,普通百姓则只有义务而不享受任何权利。而梁启超似乎接受了这种解释框架,只不过反其意而用之:

> 今之论者,每以中国人无权利思想之病,顾吾以为无权利思想者,乃其恶果,无义务思想者,实其恶因也。我国民与国家之关系日浅薄,驯至国之兴亡,若与己漠不相属者,皆此之由。今若不急养义务思想,则虽日言权利思想,亦为不完全之权利思想而已。③

现代中国人受到西方观念的影响,至为青睐权利,忽视了义务,导致国家与人民关系的淡薄。如果不回复到传统的义务观,则权利思想亦必不完整。

东西方文化对权利义务理解不尽相同,是否由此就可以公然认可"文明的冲突",并听之任之,眼睁睁看着这个

---

① 杜兹纳,《人权的终结》,页6。
② 参颜清辉、程志敏,《论中国人权思想的文化基因》,见《贵州社会科学》,2021年第8期。
③ 梁启超,《新民说》,见汤志均、汤仁泽编,《梁启超全集》,第二册,北京:中国人民大学出版社,2018,页622。

世界滑向战争的边缘，并义无反顾地沉沦下去？亨廷顿说："亚洲人倾向于以百年和千年为单位来计算其社会的演进，把扩大长远利益放在首位。这些态度与美国人信念的首要内容形成了对照，即自由、平等、民主和个人主义，以及美国人所倾向的不信任政府、反对权威、赞成制衡、鼓励竞争、崇尚人权、倾向于忘记过去、忽视未来、集中精力尽可能扩大眼前的利益。冲突的根源是社会和文化方面的根本差异。"[1] 即便在这种看似客观的评价中，我们也已经不难发现双方的优劣了。

作为1948年《世界人权宣言》的起草者之一，吴德耀（1916—1994，海南文昌人）曾打算把中国义务本位的思想写进这部宣言中，可惜未能如愿，他说："我忠于我的传统……倡导人的义务以平衡人们对权利的坚持，但是（该宣言）除了不经意间提及的个人对社区的义务之外，我的观点并未被采纳。"[2] 我们的确需要更为热切和深刻地思考义务问题。这也许是中国人的看法，但稍微对中国有所了解的外国人也看到，世界可能需要从中国学到一些东西，正如我们轰轰烈烈的改革开放正在虚心向西方学习一样。西方人应当虚心向我们学习虽然还停留在假想阶段，但毕竟已有西方人认识到这一点，对此，劳埃德说得太好了：

> 我们能够从古代中国学到的是他们创造的相互依赖的职责感和共同拥有的义务感。作为对占优势的现代极端个人主义者的权利语言——我们就是根据权利

---

[1] 亨廷顿，《文明的冲突与世界秩序的重建》，页250。

[2] Wu Teh Yao, *The Confucian Way*, The Institute of Asian Philosophies, 1987, p. 44。转引自罗哲海，《儒家思想与人权的若干问题》，见梁涛主编，《美德与权利——跨文化视域下的儒学与人权》，页47。

提出我们的要求——的一种制衡，我们反而应该从各种义务开始，包括承担我们的全球义务，培养一种更为积极的基于责任的基本价值观。①

四　结语

"人权"是一个"小问题"，因为世界上还有很多比它更为重要的问题；"人权"是一个"大问题"，因为它关系到人的一切，是所有更高追求的基础；人权也是一个棘手的问题，因为不同的文化、时代、流派、立场都有不同的理解。人权最棘手的地方还在于它的悖论性：不可没有，不可太多。它既是个人的保护伞，也是个人主义的温床，更是霸权主义最"正当"的借口："面对'善良的人们'对多元文化的随意性，他们以自己无限的宽容容忍了以民主和人权为幌子、实质上对民主和人权彻底否定的行为，因为它披上了文化的外衣，识别起来很是不易。"②

人权让我们这些普通人收获了太多，也让全人类失去了不少，它既让我们感到振奋，同时更让我们陷入深深的迷茫："人类何去何从"这个大问题究竟与人权有多少积极的或负面的关系？当前是人权爆发的时代，也是人权最贫瘠的时代。人类有过太多美好的理想，如今却连基本的人权都不一定能够得到充分的保障。如果连基本的人权都保证不了，我们饿着肚子，戴着枷锁镣铐，被踩在脚下，被

---

① 劳埃德，《古代世界的现代思考》，页193。
② 米勒，《文明的共存》，页297。

囚禁在黑暗的牢房中，随时面临送命的危险，这时我们还有可能追求美好生活吗？我们还能有仁爱、虔诚、宽容和敬畏吗？我们还能独善其身并兼济天下吗？人权不是多么伟大的东西，我们不必把它捧得过高，但如果没有这种基础，属人的世界必然垮塌，一切美好的理想、高明的理论、神圣的奉献等等，都全无可能。

人权是世俗的，它是我辈凡夫俗子向神权和贵族特权要求自我存在合法性的有力武器。人权的一些基本要求似乎不那么"上档次"——比如吃饱饭的权利（即生存权），但对我们每一个人来说却是生死攸关的事情。所以，人权又是神圣的，它首先旨在保命，近于佛家所谓"救人一命，胜造七级浮屠"。从哲学的角度来说，人权关乎人的存在，没有人权，人就没有不可能存在。当然，我们也不能完全抽象地谈论"存在"，就像不能抽象地谈论"人权"一样。存在（至少存在物）是有等级的，人吃饭是为了活着，但活着不是为了吃饭。也就是说，存在不等于活着，而是二十人报告中所说的"美好生活"（good life 或 well-being）——古典政治哲学也把它作为自己的最高纲领。

人权以生存论（或勉强可说存在论）为基础，也是理性的产物，更与神圣的法则有着间接而迂远的联系。"人权—自然权利—自然法—神法"这个公式处处体现了"革命"，也因联系紧密而多多少少体现着"传承"。人权来自自然权利，自然权利来自自然正当，而"出于自然就是善的东西，在我们从出生时刻便开始的追寻中展现了它自身，它先于一切的推论、盘算、教化、管制和强迫"。[1] 我们知道，这样推理很不严密，但在这个世俗的时代，在这个人

---

[1] 施特劳斯，《自然权利与历史》，页110。

类的生存已经岌岌可危的时刻，我们大概只能以这样"强辩"的方式唤醒人们对人权本质、意义和限度的重新思考，尤其要让人重新去发掘其神圣的根基，毕竟《人权与公民权宣言》以及《世界人权宣言》等文献中的思想是"面向过去而非未来"。①

人的存在不等于活着，还要有尊严——人兽之别，就在于精神需求，而较为高级的人权就包含着这种要求。有学者颇为强硬地论证："人的尊严不是人权，而是所有人权的渊源和依据。所有人权都促进了对人的这种独一价值的尊重。"② 这种看法比一般的人权理论似乎更为深刻（我们都把尊严视为人权的内容），我们也可以借用这样的思路进一步说，所有的人权都是为了让人把人当人看，甚至人类所有的行为都是为了人的尊严，也就是为了人权。因此，人权不是一种"法"，而是所有"法"的基础和要求，是人间正道，是真正意义上的基本法。"人权法"只是在未曾意识到人权如此地位的落后时代的权宜之计，但不见得是对"人权"的高扬，反而可能让"人权"降低了身份，因为人权是"普世的宪法"，是世间的根本法。

人权对于每个人来说就是德沃金所说的"王牌"（rights as trumps）："个人权利是个人手中的政治护身符。当由于某种原因，一个集体目标不足以证明可以否认个人希望什么、享有什么和做什么时，不足以证明可以强加于

---

① 勒费弗尔，《法国大革命的降临》，页115。
② 莫尔特曼，《基督信仰与人权》，见《当代政治神学文选》，页131。

个人某些损失或损害时，个人便享有权利。"① 这里的"护身符"以及下引这段话中的"优胜于"原文即 trumps，指纸牌游戏中的"王牌"，似乎具有终极力量，可以阻止集体对个人的压迫，以维护个体的尊严，因为"获得关心与尊重的权利就是一种非常基本的权利，除了在特别限定的情况下，它不是表现在权利作为优胜于集体目标的一般特征上，因为它既是集体目标的一般权威的渊源，也是证明更为具体的权利对这一权威进行特别限制的渊源"。② 社会目标不能以任何理由压制和清除个人权利，否则就会陷入功利主义的泥潭（即所谓最大多数人的利益，也就是把正义当作社会目标的伪装），尽管功利主义者不承认绝对的人权（但生命权和生存权不就是绝对的吗）。

德沃金的理论似乎把个人与集体对立了起来，着意为个人主义张本。但是人权也会导致种种问题，比如催生个人主义，让人们只看到权利而忽视义务。个体与整体、权利与义务必须统合起来。在理论上，权利必须以义务为基础，但在实践上，权利又是"使他人受益的义务的基础"。③ 义务是绝对的，权利是相对的，但只有获得充分的权利即成为一个完全行为能力的人之后，才（更）有可能对他人尽义务。因此，人权不是扁平的，而有着丰富的层次，即人权也有"分级"，最低的人权是个人性的，而最高

---

① 德沃金，《认真对待权利》，页 7。德沃金，《权利作为王牌》，见朱振、刘小平、瞿郑龙编，《权利理论》，上海：上海三联书店，2020，页 299 以下。温斯顿，《人权的性质》，见《西方人权学说》下册，页 173–174。

② 德沃金，《认真对待权利》，页 11。

③ 温斯顿，《人权的性质》，见《西方人权学说》下册，页 173–174。

的人权是整体性的，实质上已经近于义务。

正如格劳秀斯所说："法律权利还可以分为与个人利益有关的私人权利和高于自认权利的公共权利两种类型。因为公共权利是为了共同利益由社会对其成员和成员的财产行使的权利，所以，它高于私人权利。"① 尽管格劳秀斯是在为绝对王权辩护，但公权高于私权却历来为人普遍接受，只要我们不把它绝对化，就不会出现德沃金担心的情形。而德沃金的观点似乎也太康德化了，也就是把权利绝对化了，而把义务放到从属的地位上。在他看来，自然权利并不是玄学概念，而是实实在在的现实要求："最好的政治纲领是把个人的某些选择作为基本目的来保护，而不是把这些选择从属于任何目标、任何义务或者任何目标与义务的结合。"②

只关注自我权利的个人主义对于共同体来说无疑是灾难性的。对于20世纪40年代初期的中国人而言，残酷的战乱和多舛的国运让我们必须团结起来，抛弃个人主义，限制"天赋人权"，崇尚英雄主义，以挽救自己。战国策派的陈铨说：

> 极端的个人主义、无限的自由主义，必须剪除。"天赋人权"之类极端学说、平等理论，必须加以正当的解释。"英雄崇拜"不仅是一个人格修养的道德问题，同时也是一个最迫切的政治问题。中华民族能否永远光荣地生存于世界，人类历史能否迅速地推进于

---

① 格劳秀斯，《战争与和平法》，第34页。另参《西方人权学说》，上册，页13。
② 德沃金，《认真对待权利》，页238。

未来，恐怕要看我们对这个问题能否用新时代的眼光来把握它、解决它。①

实际上，在全球化时代，这个迫切的政治问题已不仅仅限于中国。今天的世界总体上还处在"战国时代"，全人类必须团结起来，抛弃自私自利的小算盘，共同面对眼前诸多大问题，方能闯过"人类纪"最大的难关。

但可惜的是，"东西方之间在对人权的解释上仍然未能取得一致的意见，双方仍然需要进行长期的对话，逐渐取得谅解。到目前为止，双方在理解人权上都各持己见，互不相让"。② 不仅如此，人类在气候、环境、能源、核武器、太空探索、基因、粮食、人工智能方面也很难达成基本的一致，由此可以看出，人类总体上仍然十分幼稚，也许还没有学会如何友好地相处，可能就已经走到了悬崖边上。"人权问题是在分裂的世界中提到了我们面前，这就使得对人权的现代理解本身就表露出了这种'分裂的'特征。"③ 在具体问题上南辕北辙的主张反映的是精神和价值观的冲突，人权观念的破产导致怀疑论，由此造成了我们的文明危机。

人权取得了巨大的胜利，也造成了可怕的灾难，这种现象式的悖论给人类的信心造成了巨大的混乱和沉重的打

---

① 陈铨，《再论英雄崇拜》，见温儒敏、丁晓萍编，《时代之波——战国策派文化论著辑要》，北京：中国广播电视出版社，1995，页318。

② 莫尔特曼，《基督信仰与人权》，见《当代政治神学文选》，页129。

③ 洛赫曼，《人权：在分裂世界中的普世同一性》，见《当代政治神学文选》，页143-144。

击。对这种现状，杜兹纳做了形象的描述："人权在意识形态方面的胜利与实践中产生的灾难之间的巨大反差最有力地解释了后现代主义的犬儒主义——唯命是从、冷漠无情、强烈的政治绝望感和存在主义的幽闭恐怖症与启蒙原则的结合体——在变幻纷纭的社会中拒绝隐退的原因。"① 当然，也许真正的原因不在于人权理论本身，而在于思想的整体"堕落"或人类普遍的道德沉沦。反过来说，我们如此强调人权，甚至进入了所谓的"人权爆发期"，恰恰说明人类当前的存在状态该有多么糟糕——越宣扬什么，就说明我们越缺什么。如果人权都得不到保障，那么人类还怎么可能有希望？

人权的"热闹"还足以说明信仰的丧失、理想的幻灭、价值的虚无、生活的困顿、政治的随意、法律的无力、精神的枯竭、国际关系的混乱。② 人权的胜利让我们看到的是镜子中的另一面，即人类的整体性沉沦。我们应该多问问自己：

> 权利文化为人类持久的不顾一切、麻木不仁、目光短浅的倾向增加了什么？③

因此，我们与其奢谈"人权"，不如先收拾人心，改造人性——这才是"治本"。只有当人能够堂堂正正地是一个人的时候，我们才有资格谈论"人权"。"人权"既是个体的资格，同样也有资格充当一面镜子，清楚地反映出每一

---

① 杜兹纳，《人权的终结》，页12。
② 莫恩看到了部分问题，见《最后的乌托邦》，页213。
③ 霍尔姆斯、桑斯坦，《权利的成本》，页102-103。

个人的神圣光环与丑恶嘴脸。借用刘宗周高明的判教语录，"莫悬虚勘三教异同，且当下辨人禽两路"，① 这句话也适用于人们在包括人权在内的诸多问题上的古今中西之争，所以我们还是先把"做人"的问题搞清楚。

今天，"人权"观念的内涵已然大为拓展，既是对每一个人（无论贫富贵贱）提供全方位的保护，也为每一个人所在共同体提供充分的法理支撑，更是为安宁和谐而繁荣昌盛的国际秩序带来明媚的希望。尽管我们不妨把这种希望视为一种乌托邦，但人类的生存尤其是美好的生活（well-being）任何时候都离不开"理想"。简单地说，"人权"已不是哪一个历史阶段的思想记忆，也不是无权利者或下层阶级为自己的生存而斗争的武器，亦不再是某个具体的共同体对抗殖民侵略以维护自身完整性的坚强盾牌，而是全面、普遍、永恒和绝对的精神诉求、价值导向、法律规制、伦理主张。

尽管"人权"的内涵还在变动之中，但它在形式上无疑已经成为人类的本质规定性。简言之，凡与人类相关的一切，都在"人权"范畴中。"人权"不是也不应该在自我封闭之中由于狭隘和僵化而走向"终结"，因为人权的狭隘就是人类精神的狭隘，就是人类生活的困窘；而人权的终结，必然意味着人的终结。"人有走向未来的'权利'"，② 这大概就是最大的"人权"。所以，我们需要从整体上认识到：

---

① 刘宗周，《语类》十四，见吴光主编，《刘宗周全集》，第二册，杭州：浙江古籍出版社，2007，页505。
② 莫尔特曼，《基督信仰与人权》，见《当代政治神学文选》，页139。

人权必须被当作全人类的事业，而不是像常识所假定的那样具有长期的必然性和道德自明性。……虽然它们［即人权］生来就是宏伟的政治使命的替代项——甚至是对政治的道德批判，但人权被迫担负起一项宏伟的政治使命，即为自由、身份认同和繁荣的实现提供一个全球性的框架。①

---

① 莫恩，《最后的乌托邦》，页9。

正 义

引 子

俗话说:"好人命不长,祸害千年在。"好人不一定有好报,但我们为什么还是应该做一个好人,也就是做一个正义的人呢?"德"与"福"本来应该一致,古代人尤其这样认为,这一点,就连现代人都看得清清楚楚——亚当·斯密两个半世纪之前就指出:"在古代哲学中,德行的尽善尽美,被认为必然会使有这德行的人今生享受到最完全的幸福。而近代哲学的观点却认为,尽善尽美的德行往往或几乎总是与今生幸福有矛盾。"①

在现实生活中,"德""福"往往脱节,甚至南辕北辙(想一想孔子有德而无位)。梭伦有诗云:"一个人尽力去干好事,怎么也没想到,到头来／自己竟然陷于莫大的灾难和痛苦,／另一个人蓄意干坏事,天神们却在各方面／迁就他,让他克服无知,让他走运。"② 其他古人也有类似的说法:节制和正义虽然是高贵的好事,却困难而艰辛;相反,放纵和不义虽然名声不大好听,却惬意、轻松而甜

---

① 斯密,《国民财富的性质和原因的研究》,郭大力、王亚南译,见《亚当·斯密全集》,北京:商务印书馆,2014,第三卷,页339。

② 《古希腊抒情诗集》,王扬译,上海:上海人民出版社,2018,第1册,页51。

蜜。古人最终依靠的总会是全知全能全善的神，正义可以由他们来维系和保证，但这些大神往往把灾难和不幸分发给正义的人，把幸福和快乐赐予不义者。即便神明不是不关心人世的正义，但坏人往往可以通过贿赂神明来给自己"改命"！① ——这还让世人如何奉行正义？当今的世风日下归根结底是怎样形成的？

一　"正义"的由来

对于很多哲学概念，古汉语多用单字，"义"即后世所谓"正义"，其余如"仁""德"等词也有"正义"之意。中国古典文献中就有《史记·游侠列传》"今游侠，其行虽不轨于正义，然其言必信，其行必果"以及《盐铁论·论诽》"不听正义以辅卿相"之类的说法。其中之义虽不尽然同于今日之义，但总体而言，"正义"要么为偏正结构，指"正确的意义"，要么是动宾结构，表示"使其含义变得正确"，多用于经典的注疏。荀子《正名》所谓"正利而为谓之事，正义而为谓之行"，尽管别有内涵，但亦不全异于今日之"正义"。

义的繁体为"義"，在甲骨文和金文中尚无今天的道德内涵，最初可能指地名，逐渐有了较为复杂的含义。这个字的来源及最初的含义至今仍存在较大争议，但绝大多数学者基本上都能接受《说文解字》的总结和定义：義，从我、羊，最初指"己之威仪"，通"仪"。这里的"羊"当然不是动物，而是一种羊头形的饰物，乃是祭司和军政首

----

① 柏拉图《理想国》364a-e，《普罗塔戈拉》339a-c，赫西俄德《劳作与时令》287-292行，色诺芬《回忆苏格拉底》2.1。

脑地位的象征。当然，也有人认为"羊"本义为"羌"，而"我"最初指杀人的武器，则"義"更多地指民族生死存亡的战争宣言（在古代，以羌人为代表的周边少数民族一直是中原地区的噩梦）。这几种说法其实并不矛盾，因为祀与戎本就是古代最重要的事情。无论"義"与军政相关，还是与祭祀相连，最重要的都是恰当、得体与适度，此即后世所训之"宜"和"谊"。

"义"的主要功能是"正"，使之走向正道，则《礼记》"义以正之"就可以简化为今天意义上的"正义"。实际上，早在墨子时期，义就主要指"正"了，即"义者，正也"。墨子接着说："何以知义之为正也？天下有义则治，无义则乱，我以此知义之为正也。然而正者，无自下正上者，必自上正下。"（《墨子·天志》）在古汉语中，"正"通"政"，因而"义"就是"善政"："天下有义则治，无义则乱，是以知义之善政也。"（《墨子·天志》）"义"多为"断制"或"裁断"以使之"正"的意思，一开始更多的是否定性的意思，即阻止错误的行为，使之回归正道，后来逐渐独立成裁断过程中的标准、要求或理想状态，从而具有了正面的和积极的引导意义。这与西方"正义"一词的缘起简直一模一样：最先指裁断，后来逐渐指裁断过程所必需的品质，即"正直""公平"等，最后才演变为一种道德理想。

荀子最早使用"正义"一词："正义直指，举人之过，非毁疵也。"（《荀子·不苟》）这里的"正义"不是现代意义上的 justice，[①] 而是"正直地议论"，即"义"本为

[①] 关于汉语的"正义"与英语的 justice 之异同，见黄玉顺，《中国正义论的形成》，北京：东方出版社，2015，页 317-321。

"议",但能够"正直"地评论或发言,直接指出别人的过错,其实本身就是"正义之举"。"处士横议"当然不完全妥当,但如果天下真有道的话,老百姓怎么可能议论纷纷?也就是说,这种限于私人之间的行为,扩大开来,上升到政治的高度,也完全适用:"故正义之臣设,则朝廷不颇;谏争辅拂之人信,则君过不远。"(《荀子·臣道》)这个道理能够得到历史的支撑,也可以扩展到社会生活的方方面面:"昔万乘之国,有争臣四人,则封疆不削;千乘之国,有争臣三人,则社稷不危;百乘之家,有争臣二人,则宗庙不毁。父有争子,不行无礼;士有争友,不为不义。"(《荀子·子道》)荀子甚至根据古代的资料在教导如何为人子、为人臣时(即来历不明的《传》)提出了"从道不从君,从义不从父"的口号。

"义"的否定性内涵绝佳地体现在"禁"上,即《周易·系辞下》所谓"禁民为非曰义"。"义"通"谊",《释名·释言语》曰:"谊,宜也,裁制事物使合宜也。"(这句话的前半截是"仁,忍也,好生恶杀,善恶含忍也",看上去有些文字游戏的味道,实为中国训诂之常法,更能说明"仁"与"义"的不同,详下。)孔颖达疏曰:"义,宜也,言以此行之而得其宜也。"当然,我们不能仅仅在"禁止"这个消极的否定层面来理解"义",因为这句话前面还有一个更为广阔的背景,那就是天地之道:"天地之大德曰生,圣人之大宝曰位,何以守位曰仁,何以聚人曰财,理财正辞、禁民为非曰义。"

由此可见,"正""义"连用而为一个现代最重要的词汇,并非没有道理,因为两者都是规范和标准。义即正也,正亦义焉。《说文解字》释"正"曰:"是也,从止,一以止。"仅从字形上来看,"一"或为"口",表示目的地,

"止"为"足",因而"正"有"征伐"之意。此外,"一"亦为古字"上",亦有墨子所谓"自上正下"之意,不过这种含义应该后起,表明人们渴望能够限制统治者的权力。私人"就有道而正"(《论语·学而》),统治者自身要正,才能为政,因为"其身正,不令而行;其身不正,虽令不从"。或者反过来说:"苟正其身矣,于从政乎何有?不能正其身,如正人何?"(《论语·子路》)从事公共事务的人,自己必须"正",苟如是,即"为政以德,譬如北辰,居其所而众星共之"(《论语·为政》)。这就是儒家独特的"无为而治",与道家的同名观点大不相同,曰:"无为而治者其舜也与?夫何为哉?恭己正南面而已矣。"(《论语·卫灵公》)

"正"之所以为"是",因为"是"的意思是"直",形如"日"在"足"上,即正午时分,太阳直射,人无阴影,心无杂质。而"正"字下半部分的"足"或"止",意为行走当有线路,"道"才是可走之路。所谓"止",即如"文明以止","知止",即知道止步之处,脚步到此为"止"。再从肯定的角度来说,脚步所到之处就是目标,即"止于至善"。从这个意义上不妨扩展开来,"正"上面的"一"既然是道路之目的,即"道"(当然包含公平公正和正直等等),而"止"则衍生出"禁止"。因此,《说文解字》"一以止"以及徐锴所谓"守一以止",都可以从功能的角度来理解,就是用正道和规范来制止错误的行为,使之回到正道上来。"义"也是人间正道,"正""义"由此合一矣。

"义"在古代非常重要,首先是区分"小人"和"君子"的标准。孔子说:"君子义以为上。君子有勇而无义为乱,小人有勇而无义为盗。"(《论语·阳货》)又说:"小人不耻不仁，不畏不义，不见利不劝，不威不惩。小惩而大诫，此小人之福也。"（《周易·系辞下》）荀子所谓"不学问，无正义，以富利为隆，是俗人者也"（《儒效》，另见《韩诗外传》卷五），已近于今日的用法。

仁义更是人兽之别的分水岭，仁义为天爵，为正路，为安宅，因此，不尊仁义，就是"自暴自弃"（《孟子·离娄上》）。人之为人，首在"义"，否则与禽兽无异。荀子曰："水火有气而无生，草木有生而无知，禽兽有知而无义，人有气、有生、有知，亦且有义，故最为天下贵也。力不若牛，走不若马，而牛马为用，何也？曰：人能群，彼不能群也。人何以能群？曰：分。分何以能行？曰：义。故义以分则和，和则一，一则多力，多力则强，强则胜物。"（《荀子·王制》）人的生存能力在很多方面都不如野兽，但人有意识和道德，懂得"义"，也就能够在个体巨大差异中找到连接的手段，抱团生存，从而无比强大。

"义"是人际关系的纽带，也是人人相处的要求，更是兴衰治乱最根本的原因，故《吕氏春秋·过威》载："义也者，万事之纪也，君臣、上下、亲疏之所由起也，治乱、安危、过胜之所在也。"荀子说得更详细，从"禁民为非"上升到了"天下之治"：

> 凡奸人之所以起者，以上之不贵义，不敬义也。夫义者，所以限禁人之为恶与奸者也。今上不贵义，不敬义，如是，则下之人百姓皆有弃义之志，而有趋奸之心矣，此奸人之所以起也。且上者，下之师也，夫下之和上，譬之犹响之应声，影之像形也。故为人上者，不可不顺也。夫义者，内节于人而外节于万物者也，上安于主而下调于民者也，内外上下节者，义

之情也。然则凡为天下之要，义为本，而信次之。古者禹汤本义务信而天下治，桀纣弃义倍信而天下乱。故为人上者，必将慎礼义，务忠信然后可。此君人者之大本也。（《荀子·强国》）

"义"（以及"仁"）乃是人之为人的根本要求，或者更准确地说，都是人性中最光辉神圣的特质。孟子曰："口之于味也，有同耆焉；耳之于声也，有同听焉。目之于色也，有同美焉。至于心，独无所同然乎？心之所然者何也？谓理也，义也。圣人先得我心之所同然耳。故理义之悦我心，犹刍豢之悦我口。"（《孟子·告子上》）人类有很多相同之处，眼耳鼻舌身意固然人皆有之，但这些东西算不上是人的本质，心中的"义"才是界定人性的真正标准。

居仁由义，尊德乐义，乃是人的本分。人之有"仁"有"义"，也就是有"善"的天性，在古汉语中，"義""善""美"皆从"羊"，形近而意通。孟子有一段非常著名的话，很好地阐释了这种"性善说"：

人皆有不忍人之心，先王有不忍人之心，斯有不忍人之政矣。以不忍人之心，行不忍人之政，治天下可运之掌上（按：即《论语·卫灵公》所谓"无为而治"）。所以谓人皆有不忍人之心者，今人乍见孺子将入于井，皆有怵惕恻隐之心，非所以内交于孺子之父母也，非所以要誉于乡党朋友也，非恶其声而然也。由是观之，无恻隐之心，非人也；无羞恶之心，非人也；无辞让之心，非人也；无是非之心，非人也。恻隐之心，仁之端也；羞恶之心，义之端也；辞让之心，礼之端也；是非之心，智之端也。人之有是四端也，犹其有四体也。有是四端而自谓不能者，自贼者也；谓其君不能者，贼其君者也。凡有四端于我者，知皆扩而充之矣，若火之始然，泉之始达。苟能充之，足以保四海；苟不充之，不足以事父母。(《公孙丑上》)

孟子还在其他地方概括了以上这段话的意思，曰："仁义礼智，非由外铄我也，我固有之也，弗思耳矣。"(《孟子·告子上》)仁义礼智本为"君子所性"，由内而外都散发着柔和、滋润甚至神圣的光辉，其灿然美好乃是"不言而喻"的(《孟子·尽心上》)。

既然"义"对于人来说具有如此重要的意义，人们当然有义务想尽一切办法维护它，即如孟子所谓："鱼我所欲也，熊掌亦我所欲也，二者不可得兼，舍鱼而取熊掌者也。生亦我所欲也，义亦我所欲也，二者不可得兼，舍生而取义者也。"(《孟子·告子上》)荀子曰："义之所在，不倾于权，不顾其利，举国而与之不为改视，重死持义而不桡，是士君子之勇也。"(《荀子·荣辱》)此即所谓"义不容辞"也。义就像仁一样，需要我们"造次必于是，颠沛必于是"(《论语·里仁》)。只有这样，天下和谐，人人讲信修睦，而个体亦得永恒之美名矣。

仁者爱人，就是正义，西方思想家卢梭也有类似的观点：

> 只要把自爱之心扩大到爱别人，我们就可以把自爱变为美德，这种美德，在任何一个人的心中都是可以找得到它的根柢的。我们所关心的对象同我们愈是没有直接的关系，则我们愈不害怕受个人利益的迷惑；我们愈是使这种利益普及于别人，它就愈是公正；所

以，爱人类，在我们看来就是爱正义。①

相反，如果过分自爱，会失去判断力；自以为是，就不知道什么是正义。柏拉图说：

> 事实上，对自己的过度友爱，正是每个人在各种情形下犯错的原因。就受关爱的东西而言，每个关爱某种东西的人都是盲目的，因此，对于什么是正义、好和高贵，这种人是蹩脚的评判者。因为，他自认为应该始终更看重自己胜过真理。但一个要实现伟大的人，不应专注于自己或属于自己的东西，而要专注于正义的事情。……因此，人人都应该避免过度自爱，相反，应该始终跟随好过自己的人，不要受任何羞耻感妨碍。②

当然，"义"和"仁"既有内在的紧密联系，也有一定的区别。《礼记·礼运》有言，

> 义者，艺之分，仁之节也。协于艺，讲于仁，得之者强。仁者，义之本也，顺之体也，得之者尊。故治国不以礼，犹无耜而耕也；为礼不本于义，犹耕而弗种也；为义而不讲之以学，犹种而弗耨也；讲之于学而不合之以仁，犹耨而弗获也；合之以仁而不安之

---

① 卢梭，《爱弥儿》，李平沤译，北京：商务印书馆，1978，页356。
② 柏拉图，《法义》731e–732b，见林志猛，《柏拉图〈法义〉研究、翻译和笺注》，上海：华东师范大学出版社，2019，第2册，页91。

以乐，犹获而弗食也；安之以乐而不达于顺，犹食而弗肥也。

孔颖达疏曰："义者，裁断合宜也。艺，才也。仁，施也。人有才能，又有仁施。若非义截断则过失，故用义乃得分节也。……义主断割，能服于人，故得义者强。仁是恩施，众所敬仰，故得仁者尊也。"《礼记·表记》另外还有相似的说法："仁者，天下之表也；义者，天下之制也。"

仁为义之本，义为仁之节。"仁""义"互相成就，也互相限制，即如张载所说："义，仁之动也，流于义者于仁或伤；仁，体之常也，过于仁者于义或害。"[1] 仁和义另外还有更重要的"内外之别"：仁是对外的，而义则是对内的，董仲舒说，"仁之法在爱人，不在爱我；义之法在正我，不在正人"，并更详细地说，

> 义在正我，不在正人，此其法也。夫我无之而求诸人，我有之而诽诸人，人之所不能受也，其理逆矣，何可谓义？义者，谓宜在我者。宜在我者，而后可以称义。故言义者，合我与宜，以为一言。以此操之，义之为言我也。故曰：有为而得义者，谓之自得；有为而失义者，谓之自失。人好义者，谓之自好；人不好义者，谓之不自好；以此参之，义，我也，明矣。是义与仁殊。仁谓往，义谓来；仁大远，义大近。爱在人，谓之仁，义在我，谓之义；仁主人，义主我也。故曰：仁者，人也，义者，我也，此之谓也。君子求

---

[1] 张载，《张载集》，章锡琛点校，北京：中华书局，1978，页34。

仁义之别，以纪人我之间，然后辨乎内外之分，而著于顺逆之处也，是故内治反理以正身，据礼以劝福，外治推恩以广施，宽制以容众。(《春秋繁露·仁义法》)

这里再次谈到了"义"的内在性，正义或仁义的内在性绝佳地体现在孔子所谓"为仁由己，而由人乎哉?"(《论语·颜渊》)

"义"不仅是"仁"的表现，也是"礼"的精神之所在，故而也有"礼义"之说。荀子著作中多以礼义并举，几乎成了一个合成词。义就在于遵循礼和理，因为礼乃义之实。早在春秋前半段，管子就指出："义者，谓各处其宜也。礼者，因人之情，缘义之理，而为之节文者也。故礼者谓有理也，理也者，明分以谕义之意也。故礼出乎义，义出乎理，理因乎宜者也。"(《心术上》)无"礼"，则人不正，家不安，国不宁，一切皆不可"立"。"夫礼，天之经也，地之义也，民之行也。"(《左传·昭公二十五年》)礼和义不仅"立己"，而且"立人"，非但能"达己"，亦兼能"达人"。无论利人还是利己，都符合天道，即"生生之德"或"成性存存"这种"道义之门"(《周易·系辞上》)。如果阴阳是立天之道，刚柔谓立地之道，那么，仁义就是立人之道，要求"和顺于道德而理于义"(《周易·说卦》)。

礼和义相通，都是重要的社会规范，在不同的层次或层面上守护着人类的生存，正如罗尔斯所说："正义是社会制度的首要德性，正像真理是思想体系的首要德性一样。"[1] "克己复礼"，回到正确的规范及"仁"之上，就

---

[1] 罗尔斯，《正义论》，何怀宏等译，北京：中国社会科学出版社，2009，页3。

是正义之举。这不是"一己之仁",而可推己及人,通过自身的修养而影响他人,则天下归仁矣。儒家的理想既显得有点"乌托邦",同时也很切近:如果人人都能克制自己,遵守规范,成为一个正义的人,则天下如何可能不太平?

法家对儒家有如下批评:"仁者能仁于人,而不能使人仁;义者能爱于人,而不能使人爱,是以知仁义之不足以治天下也。"(《商君书·画策》)然儒家的"礼"已包含法家的"法",故法家的此番批评似并不成立。儒家不是只看重仁义,而不重视法或刑,只不过这两种极为有效的社会规制方式在效果上有一定的差别而已,即如孔子所说:"道之以政,齐之以刑,民免而无耻;道之以德,齐之以礼,有耻且格。"(《论语·为政》)礼义消弭恶行于未然之时,而刑法则用于已然之后,或者说:"礼义者,所以充其未足之善;法制者,矫其已习之恶。"① 礼义和法制各有利弊,各有功用,相辅相成,缺一不可,即孟子所谓"徒善不足以为政,徒法不能以自行"(《离娄上》)。

"仁—义—礼"固然有着强大的力量,也未始没有自身的局限,因此听听道家的批评方符合"兼善"之旨(法家继承了道家对儒家的批评)。老子有名言曰:"大道废,有仁义;智慧出,有大伪;六亲不和,有孝慈;国家昏乱,有忠臣。"(《道德经》十八章)道家的理由是:"故失道而后德,失德而后仁,失仁而后义,失义而后礼。夫礼者,忠信之薄,而乱之首。"(《道德经》三十八章)所以,道家主张:"绝圣弃智,民利百倍;绝仁弃义,民复孝慈;绝巧弃利,盗贼无有。此三者以为文,不足。故令有所属:

---

① 徐积,《荀子辩》,见《宋元学案》卷一,《黄宗羲全集》,杭州:浙江古籍出版社,1985,第3册,页65。

见素抱朴，少思寡欲，绝学无忧。"（《道德经》十九章）韩非后来对道家这种观点的解释亦不无道理："义者，仁之事也。事有礼而礼有文；礼者，义之文也。"（《解老》）

二 "正义"的内涵

与中文"正义"的现代用法对应的外文是 justice，它来自拉丁语 iustitia，后者是 ius［法、正义］的抽象名词——正是在这个语词的转变过程中，西方人对"正义"的理解发生了巨大的变化。与 ius 对应的希腊语是 δίκη（dike），其同根词在荷马史诗中已有大量的使用。在古希腊神话（尤其赫西俄德的《神谱》）中，"正义女神"（Dike）是忒弥斯（Themis）的女儿，而忒弥斯通常被视为"法律女神"，代表最古老的天地大法。这种关系表明了古人对"正义"最朴素的理解：服从法律，就是正义。还需要特别指出，忒弥斯与宙斯总共生了三位"时序"女神，三位"命运"女神。三位"时序"女神分别是欧诺弥亚（Eunomia）、狄刻（Dike）和厄瑞涅（Eirene），分别指"良法善治""正义"与"和平"，她们时时关注人类的劳作——这已足可表明 dike 对于人类的核心意义：她与良法善治有着极为紧密的亲缘关系，有了她，人世间才会有鲜花盛开的和平，一切才会如四季一样井然有序。

与人类几乎所有抽象的社会伦理观念一样，dike 也是很后来才有了"正义"的意思，它最初是动词，指"审判"。审判关乎每个人的利益，更牵涉到全社会的安定团结和幸福康宁，因而必须"正直"（ithys），便逐渐把这种附带的含义吸收进去，甚至成了主要的意思，于是，dike［审判］后来就有了较为抽象的"正义"之义。实际上，从词根也能看出，dike 本身就已经有"正"的意味：它来自动词 deiknumi，本义是"指出""显示"，后来拉丁语的 dico 或 dictio［说、辩护］，dictum［语词、格言、法官的声明］，dictator［独裁者］，以及英语的 diction、dictation 等等，都由此而来。

"正义女神"向世人指示"忒弥斯"，也就是天地大法。具体而言，themis 来自动词 tithemi，意思是"制定"。希腊文的 theos［神］也不是创世神，只不过为已有的天地"制定"规则而已。因此，忒弥斯是众神之源。从这里可以看出来，正义女神所指的，其实就是已经制定好的规矩。①后来，dike 逐渐接过 themis 的含义，并最终取而代之，不再是简单的"指示"，而是上升为"正道"本身。孟子曰："义，人之正路也。"（《离娄下》）又曰："仁，人心也；义，人路也。舍其路而弗由，放其心而不知求，哀哉！"（《告子上》）与这里所述西洋学说颇有"东海西海，心理攸同"的意味。

颇有意思的是，deiknumi 以及拉丁文的 dirigo 最初可能是"指路"之意，因而以"（手）指"（digitus）代"指示"，与汉语极为接近，大概有如禅宗所谓"以指代月"。在渔猎时代，给别人指出一条正路即"直路"，以使之规避野兽，同时又能在打猎和捕鱼方面有所收获，乃是生死攸关的事情。"指"必须"正"，否则绕路心不直。因此，词根 dik-包含了 directus［正、直］的意思，并最终表示其所指的结果，即 directura［方向］。在拉丁语中，directus

---

① 麦金泰尔，《谁之正义？何种合理性？》，万俊人等译，北京：当代中国出版社，1996，页20。另参拙著《古典法律论》，上海：华东师范大学出版社，2013，页202以下。

［直］本来就是 dirigo［指］的变体，与希腊文的 deiknumi 一起，都来自梵文 diśáti［指明］。而另一个同根词 recte 或 rectum，本义即"直"，引申为"正直""正确""指导（方向）""统治""恰当"，因而本身就具有"好"和"德性"之意。与希腊文的 dike 还需要吸收并转化"直"（ithys）不同，在拉丁文中，"指"就是"直""正"和"方向"。

人而不能无群，群而不能无分（《荀子·王制》）。这里的"分"指等级名分，也指规矩，而"正义"就是维系群体生活的"分"。当然，我们也可以把它引申为"纷争"，即群而难免有纷争，"正确地"也就是"正直地"解决好每一场纷争对于社会生活来说至关重要，犹如渔猎时代为人指正路一般。法庭审判无非就是要指出谁对谁错，而在这种对错背后，已然有一套价值规范。符合这套规范的，自然就走在"正道"上；反之，违背这套价值的，就走歪了。因此，审判或裁决不仅是直接的对错划分，也是社会"正面"价值的宣谕和维护。也就是说，法庭所"说"或"宣布"的东西必然具有"正"的价值。

这些"正确"的东西固定下来并流传到后世，就成了"习俗"，因此人们总认为遵从习俗就是正义的。这样的说法在一定意义上当然没有问题，但毕竟更为深刻的道理不在习俗之中，而在"自然"或"本性"之中。也就是说，习俗承载着正义的规范，但还远远不等同于正义本身。在古希腊语中，nomos 这个词既指法律，也指习俗，与"正义"有着极为密切甚至完全相似的意义生成和转换的过程。实际上，themis 作为 dike 的源头，本身也有"习俗"的意思。后来 dike 逐渐取代了 themis，也就继承了后者"法律"和"习俗"的含义。无论如何，正如正义女神是忒弥斯的女儿，正义也就来自天地大法或天道。

柏拉图的《理想国》（又译《王制》）是西方思想史上第一部集中讨论"正义"的著作，该书的副标题即为"论正义"。这个副标题虽为后人所加，却非常恰当地展示了该书的核心议题：《理想国》从最初的普通正义论到最后的"末日审判"，都是在讨论正义问题（dike 本义为"审判"）。柏拉图笔下的苏格拉底首先批判了三种流俗的正义观：欠债还钱、扶友损敌、强权即正义。第一种是朴素的正义观，着眼于个体之间的关系；第二种是功利主义的正义观，已经具有社会性的功能；第三种是西方人一直信奉的"权力意志"的产物，其实与正义本身没有多大关系，反而是在为不义唱赞歌。苏格拉底并没有简单否认前面两种观点，只不过认为它们还不够彻底，而是纠缠于外在的形式，至少还缺乏对"义利"和"敌友"等构成性概念的进一步界定。

柏拉图（苏格拉底）自己则提出了三个层次的"正义"观，最低层次的正义"对内"而言，更高层次的正义"对外"利他，最高层次的正义则是以末日审判为基础的"神义论"。最基本的"正义"可概括为"一人一艺"（370b、453b），也就是说，每个人做好合于自己本性的事情、不超越自己的能力去瞎折腾就是正义（433a-e）。这种正义观的前提在于这样的"人性论"：每一个人天性不同，适合做不同的事。个体的灵魂与整个城邦具有完全相同的结构，那么灵魂的三个要素与城邦的三个阶层一样，都各司其职、各安其位、各行其事、各尽其能，从而整体繁荣昌盛，这就是"正义"。这个层次的正义是内在的，即每一个部分干好自己的工作，不越俎代庖，让一切井井有条，把一切都掌控在自己手中，所有部分都紧密联系，谨慎和谐，当然就高贵而正义，堪称真正的智慧；相反，所有破坏这种和谐状态的就是不义（443c-444a）。

如果说做好自己的事情只是完成了基本的"成己"，那么成己之后还能"成人之美"，也就是"己欲立而立人，己欲达而达人"（《论语·雍也》），这显然提升了"正义"的内涵。柏拉图以著名的"洞穴"喻来证明这一点。能够从洞穴中走出来，摆脱影像式的虚假认识，来到理性这个太阳照耀下的真实世界，看到存在的真理，当然是了不起的成就。但如果到此为止，还不是真正的"正义"，而利用自己所知所能，回馈社会，安邦定国，亲民济世，才算"明明德"和"止于至善"。因此，要强迫哲人下降到城邦，让他们为了集体的利益去统治——这不仅是哲人的道德责任，也是他们重新学习、学以致用和自我成就的必然过程，只有经过了这个更重要阶段的锻炼，才能实现真正的正义。更不用说，清高的哲人也只有在治理得很好的国家中才能安心地生活和思考。

独善其身和兼济天下都是正义，其惠泽有大有小，却都是"人间正道"，而最大的正义则超越了世俗的意义，神圣且永恒。在现实生活中，人们可以设想出很多关于正义的规则，设计很多法律法规和政治制度来维系正义。但如果这些东西完全来自人的理性，终归不能彻底保证正义，因为人除了理性之外，还有力量更为强大的欲望。无论如何，世俗正义都是不完美的，随时随地都可能因人性的自私和贪婪而毁于一旦。在古人看来，既然"人力有时而穷"，就必须引入更高更强的力量来安顿人世生活，所以柏拉图《理想国》最后以冥府的审判结束。神明的惩罚是正义的最后保证，这不仅是哲学家、神学家和其他思想家的看法，也是普通人的基本信仰（《理想国》330d，《法义》

717d）。早在古风时期，人们便知道："宙斯将暴雨向大地倾泻，发泄对人类的深刻不满，因为人们在集会上靠武力不公正地裁断（themistas），排斥公义（dike），毫不顾忌神明的惩罚。"①"神义论"有两层含义，一是指神明本身就是正义的，是凡间正义者的楷模；二是说神明乃是正义的源泉和依靠，是大神赐给世间最好的礼物（赫西俄德《劳作与时令》279-280行）。"神义论"在后来愈发理性而世俗的时代不再为人所信奉，但正义的神圣性却一直得到了很好的尊崇。

首先，正义是一种神圣的德性。不管我们如何定义"正义"，在所有的文明系统中，正义本身就是神圣的，就因为它是人兽揖别的标志，是人摆脱兽性而趋近神性的必然道路。换言之，正义首先是人之为人的德性（arete）。在古典思想中，正义是四种主要德性之一（柏拉图《理想国》427e，《法义》631c、964b、965d），而且是其中最重要的一种。人间有很多好东西，但有些凡俗而平庸，比如健康、美貌、富有、显贵，而有些却是神圣的，比如勇敢、明智、节制、智慧、正义、慷慨、大度等等。正义不仅是主要的德性，还是其他德性的总名称，更是其他神圣德性的前提或基础：正义让其他的德性得以产生，并且在它们生成之后继续予以维护和保证；可以说，正义就是所有德性的母亲和"救主"（《理想国》433b），正义本身就高贵（《法义》859d）。

正义既是"四主德"之一，也是其他三德（明智、节制和勇敢）的综合（《法义》631c）。其实，如果能够做到

---

① 《伊利亚特》16.385-388（王焕生译文），另参埃斯库罗斯《和善女神》517-699行，柏拉图《法义》943d-e。

勇敢，就已经是正义的了。正义也是智慧的，因为要走向正义，就必须首先知道好坏对错，如色诺芬所说："既然正义的事和其他美而好的事都是道德的行为，很显然，正义的事和其他一切道德的行为，就都是智慧。"①

因此，正义不仅是神圣的德性，甚至就是德性本身。亚里士多德喜欢用更为抽象的"公正"（dikaiosune）来讨论人间正义，他基本上不区分 dike 和 dikaiosune，因为两个词虽然有些差别，但词根相同，意思极为接近。在他看来，"公正"乃是终极或完满的德性，因为它是最主要也最伟大的德性，它比星辰更令人惊叹，公正是一切德性的总汇！它之所以是终极完满的德性，就在于它不仅是自我成就的要求，还在于它会以德性对待其他人，关心别人，造福他人。因此，亚里士多德认为，正义或公正不是德性的一部分，而是"整体的德性"。同样，不义就不仅仅是邪恶的一部分，而是"整体的邪恶"（《尼各马可伦理学》1129b-1130a）。而正义或公正之所以具有如此高的地位，乃是因为"公正即是共同生活中的德性，凡具备这种德性，其他的所有德性就会随之而来"（亚里士多德《政治学》1283a，颜一、秦典华译文）。

其次，正义作为一种完美的德性，直接表现在它是一种利他的行动，而不仅仅是个体的自我修养，即"公正是为着别人的善的"（《尼各马可伦理学》1134b，另参《春秋繁露·仁义法》）。正义不（仅仅）是一种理论，而是躬履的实践——古代的正义论本质上是"以行动为中心的理论"（act-centred theories）。做符合自己天性的事情本身

---

① 色诺芬，《回忆苏格拉底》，吴永泉译，北京：商务印书馆，1997，页117。

就是"行",而"行"是"知"的终点,才是真正的善。不过,还有更深的一层:让自己成为一个有知识且明事理的人固然重要,但如果不能利他而只是自私独善,就谈不上"完美"(teleia)了。实际上,在"利他"的意义上谈正义已经有些偏离正义这种至高德性的本义,因为我们对他人行善,不过是为了实现自我的完美而已,是自我成就所"必需"(《理想国》540a-c)的过程,因此,归根结底,"我不可能施惠于任何人,我不过只是对他做了我应该做的事而已"。① 正义这种至善不是外在的强迫,而是人的"应然"本性或神性的外化,乃是"性分之所固有,职分之所当为"。②

再次,正义是中道。"行"固高于"知",也必须依照一定的规矩和分寸,否则就适得其反。正义这种"主德"包含"节制"在内,当然要求"不过"和"无不及",即若合符节的中道,以避免"肆心"(hybris)和"僭越"。"正义"作为"审判"的代名词及其目标,也必须站在不偏不倚的中间位置上(《伊利亚特》23.574)。亚里士多德后来把"中间"(meson)这种对事物核心问题的"命中"直接发展成"德性",正义就是"中道",既不多,也不少。当然,这里的"中"不是绝对数值,而是比例上的平衡。③ 不成比例的东西不惟丑陋,亦因不成样子而难以为继。这种"中道"就是恰如其分的原则,因而是最高尚最优秀的生活方式(《政治学》1295a37)。梭伦以"盾牌"

---

① 葛德文,《政治正义论》,何慕李译,北京:商务印书馆,1980,页92。
② 朱熹,《四书章句集注》,北京:中华书局,1983,页1。
③ 亚里士多德,《尼各马可伦理学》1106b27、1131a-b、1133b,《修辞术》1366b。

和"界桩"为喻,在他那被后世命名为"正义颂"的诗歌中指出,正义就在于"不多不少",而他本人为此手持盾牌,像界桩一样站在中间,不让任何一方以不义的方式取胜。梭伦自比为孤狼,两边受敌,但他知道这就是"正义"的本色和代价:"推行伟大的事业——很难取悦所有人。"①

"正义"就是"合宜",为神明所赞赏(《奥德赛》14.84),他们会让中道具有强大的力量(埃斯库罗斯《和善女神》529行)。正义就是中道,或者说"寻求正义的人即是在寻求中道"(亚里士多德《政治学》1287b)。所以,"正义"就是"适宜",是"常",是"节",是"理",都是高尚(亚里士多德《优台谟伦理学》1249a)。在汉语中,"义"也是"适宜",即《礼记·中庸》所谓"义者,宜也"。《礼记·祭义》进一步解释道:"义者,宜此者也。"不独儒家如此理解,其他各家也认同这样的解释,故《管子·心术上》说:"义者,谓各处其宜也。"《韩非子·解老》更明白地指出:"义者,谓其宜也,宜而为之,故曰:'上义为之而有以为也。'"

最后,正义是秩序。任何东西内在的每个部分都各安其位,就是一种和谐的秩序。任何人不逾矩,不贪不占,社会必定井然有序。与柏拉图一样,奥古斯丁也认为:"正义就是让人各得其所,因此人自身形成了正义的自然秩序,即灵魂服务于上帝,肉身服务于灵魂,这就是上帝、灵魂、肉身之间的秩序。"② 这种秩序看上去是"等级",今天看来或许有些难以接受,但在古人的思想中,万物有差等

---

① 《古希腊抒情诗集》,第1册,页51。
② 奥古斯丁,《上帝之城》,吴飞译,上海:上海三联书店,2009,下册,页133。

（即荀子所说的"分"），而遵守这种差等，就能给共同体带来秩序，甚至可以说，差等就是秩序。正义有很多种类，比如交换正义、分配正义、报复正义、矫正正义等等，它们都是为了维护秩序，包括个体的灵魂秩序和外在的社会秩序，因而可以说它们就是秩序（阿奎那《神学大全》II. 64. 1）。换个角度来说，"义"训作"宜"，得其所之谓，故而能安（《说文解字》）——不仅安己，亦能安人，终至安国。正义之所以能够造就人和城邦（《理想国》443b5），是因为个体和集体都是有机体，需要秩序来构成并维系其存在，而正义或公正就是适度（modus），适度就是秩序（ordo）。①

正义这种秩序来自宇宙本身的内在结构，这种关系被东西方的古人共同认信为"天人合一"。在希腊语中，秩序（kosmos）即宇宙（kosmos），古人相信宇宙有秩序，因此我们才能认识和模仿它。从古希腊神话中正义女神是忒弥斯的女儿这一事实就可以看出，正义乃是天地秩序的表现。在世俗的意义上说，我们究竟应该如何生活本身就需要一套规则，而人们通过观察，发现昼夜的交替、季节的轮回、生物的荣枯、万物的生死，都与天体的运行秩序（astrorum ordines）密切相关（西塞罗《论法律》2.16）。因此，人们只需要"道法自然"（25章）。

这里的"自然"或许不是物质意义上的存在，而是更为抽象的"自然而然"的天道，但也足可表明，人类最好的存在方式就是"体察上天的秩序（caelestium ordinem），在生活中恒常模仿"（西塞罗《论老年》21.77）。因此，服从上天秩序（caelesti descriptioni，西塞罗《论法律》

---

① 西塞罗，《论义务》，页137。

1.23),即"法天",就是正义!墨子亦曰:"然则奚以为治法而可?故曰:莫若法天。天之行广而无私,其施厚而不德,其明久而不衰,故圣王法之。既以天为法,动作有为,必度于天。天之所欲则为之,天所不欲则止。"(《墨子·法仪》)董仲舒说:"行有伦理,副天地也。"(《春秋繁露·人副天数》)所以,正义就是秩序,它不仅是自然秩序,还是道德秩序和政治秩序。康德所谓"头上的星空"和"内心的道德法则"在古代并不是分离甚至对立的,而是一种统一的从属关系。

三 "正义"的功用

正义本属天道,无关乎功用,超越于世俗利益之上;但正义既然是常道,自然而然就是人世模仿的对象,便有了用处。在古代,"义利之辨"并不是后世所想象的那样盛行,也就是说"义"和"利"并不截然对立。无论是孔子所谓"君子喻于义,小人喻于利"(《论语·里仁》)或"见利思义"(《论语·宪问》),还是孟子所说有仁义即可,何必曰利(《孟子》"梁惠王上"和"告子下"),抑或董仲舒"正其谊不谋其利,明其道不计其功"(《汉书》卷五十六"董仲舒传",《春秋繁露·对胶西王越大夫不得为仁》)等等,都是在特定场合下说的话,针对的是特定的问题(和对象),都有特定的含义,不可断章取义。

(原始)儒家本来并不反对"利",比如《论语·尧曰》就说"因民之所利而利之",而《荀子·大略》说得更清楚:"义与利者,人之所两有也。虽尧舜不能去民之欲利,然而能使其欲利不克其好义也。虽桀纣不能去民之好义,然而能使其好义不胜其欲利也。"董仲舒在《春秋繁露·身之养莫重于义》中也说:"天之生人也,使人生义与利。利以养其体,义以养其心。心不得义不能乐,体不得利不能安。义者心之养也,利者体之养也。体莫贵于心,故养莫重于义,义之养生人大于利。"

进言之,儒家的"治国平天下"理想不能只停留在口头上或理论上,必须以实力和实利为基础,因而养民和富民当然就是"义"了。后人不大看重理财,但理财具有国家战略层面和政治哲学的高度,即如《周易·系辞下》所说:"何以聚人?曰财。理财正辞、禁民为非曰义。"利用一切资源,是生命得以延续的必要手段,也是政治共同体生存的基础,因而这种"利用安身"乃是"崇德"的基础,本身就是"德"和"义",甚至是一种"盛德",故曰:"盛德大业,至矣哉!富有之谓大业,日新之谓盛德。"(《周易·系辞上》)而且这种生生之德既是天地之道,更是圣人之功,故曰:"崇高莫大乎富贵,备物致用,立成器以为天下利,莫大乎圣人。"(《周易·系辞上》)

"义""利"不可混为一谈,因为它们有高下之分,但不是完全对立,甚至可以从更高的层面说,"利"固然要服从"义",但"义"即是"利"。西塞罗认为,不能割裂义利,否则就会对人类生活造成巨大的伤害:"没有什么不同时是高尚的东西会是有利的,没有什么不同时是有利的东西会是高尚的,并且认为从没有什么灾难比把这些概念分割开的人们的看法对人类的生活造成了更大的危害。"[①] 高尚的则必然是有益或有利的,而有利的在很多情况下也可以说是高尚的,比如足食足兵,安邦定国。

司马迁在《史记·货殖列传》提出的"天下熙熙,皆

---

① 西塞罗,《论义务》,页275。

为利来；天下攘攘，皆为利往"，为后世道学先生所痛斥。他们可能误解了司马迁的意思：司马迁不是为"利"辩护，而是为"仁义"奠定现实的基础，想论证的是"礼生于有而废于无"，也就是管子所谓"仓廪实而知礼节，衣食足而知荣辱"。其实，司马迁在《货殖列传》开篇就交代了："善者因之，其次利道之，其次教诲之，其次整齐之，最下者与之争。……人各任其能，竭其力，以得所欲。……各劝其业，乐其事，若水之趋下，日夜无休时，不召而自来，不求而民出之。岂非道之所符，而自然之验邪？"这段话与柏拉图在《理想国》中对"正义"的描述几乎完全一样。而最能说明义利关系的，当数《周易·乾·文言》"义者，利之和也"，正义本身就是利益的基础，有利于万物，使其各得其宜而和同者也。义有利，就是利。

正义具有多方面的功用，除了成德或成己之外，更重要的在于"成人"，也就是构建每个人都能安宁、和谐与幸福生活在其间的政治共同体。所以，亚里士多德说："我们千万不能忘记，我们所要寻求的既是单纯的正义，也是政治性的正义。它［政治正义］是为了自足而共同生活。"（《尼各马可伦理学》1134a24-27）。换言之，对于政治生活来说，谁掌权并不是那么重要，而正义才应该是政治的最终着眼点，因为不义、肆心和愚蠢会毁掉社会生活。要知道，人是政治动物，需要正义来予以维护，否则非神即兽，如亚里士多德所言：

> 人一旦趋于完善就是最优良的动物，而一旦脱离了法律和公正就会堕落成最恶劣的动物。不公正被武装起来就会造成更大的危险，人一出生便装备有武器，这就是智能和德性，人们为达到最邪恶的目的有可能

使用这些武器。所以,一旦他毫无德性,那么他就会成为最邪恶残暴的动物,就会充满无尽的淫欲和贪婪。公正是为政的准绳,因为实施公正可以确定是非曲直,而这就是一个政治共同体秩序的基础。(亚里士多德《政治学》1253a,颜一、秦典华译)

至迟到埃斯库罗斯的时代,正义女神就一直陪伴在大神宙斯身边,维护政治秩序,这对每一个人来说,都是关乎日常生活乃至生死存亡的大事。所以,正义乃是城邦终极的好品质,因为它能够给城邦带来最大的善(《理想国》427e7,433c-d)。正义作为政治上的善,本身就是全体公民的共同利益之所在(亚里士多德《政治学》1282b)。个人的灵魂需要有秩序,人们的生活更需要和谐,因此正义这种(道德)秩序就有了强大的政治功能。西塞罗形象地指出:

> 歌唱时音乐家们称之为和谐的东西,在国家中称之为和睦,这是每个国家的一种最紧密、最牢固的安全纽带,并且如果没有正义,这种和睦便怎么也不可能存在。……没有什么东西会比非正义更有害于国家,没有高度的正义便不可能管理国家,或者说维护国家。(西塞罗《论共和国》2.69,王焕生译)

正义虽然有很多层次的含义,但根本上"以政治为中心"(polito-centric)。[①] 正义乃是政治的基石,因为没有正

[①] J. F. Wilson, *The Politics of Moderation: An Interpretation fo Plato's* Republic, Lanham: University Press of America, 1984, p. xvi.

义，人们就无法联合，不会形成以共同利益为纽带的社会。"没有单个人之间的联结，人类本性绝不可能存续；而不尊重公道和正义的法则，单个人之间的联结又绝不可能发生。混乱、骚动，一切人对一切人的战争就是这样一种无视法则的行为的必然后果。"① 奥古斯丁则从宗教的角度得出了同样的看法："没有了正义，国家不过是一大群强盗。"② 简单地说，尊奉正义，则风调雨顺，硕果累累，社会繁荣（《奥德赛》19.109-113，《劳作与时令》275-281 行）。人们生活依赖于正义女神：

> 违法乱章给城邦带来了太多灾难，而公正的法制才能将一切治理得和谐安睦，及时地给犯法的人套上枷锁；她（按：即正义女神）为社会平整高低，制止过度，削弱狂妄，使罪恶之花在开放前就干枯凋零，她修整法律的弯曲的道路，软化社会上过于骄横的行为，制止一切内乱，制止人们之间的仇恨和纠纷，在她的一手安顿下，人间将充满智慧和公正。③

有了这样和谐而完美的秩序，人们当然就能获得幸福，也就是说，（政治）正义最大的功用在于"幸福"。如果说城邦的直接目标在于维护社会正义，那么它的终极目标就是幸福，因为城邦只有关乎德性和幸福，才能叫做城邦（《理想国》576c-d）。而城邦的建立本身就是为了整体的利益，即幸福，因为城邦或国家乃至任何政治共同体的目

---

① 休谟，《道德原则研究》，曾晓平译，北京：商务印书馆，2001，页 57。
② 奥古斯丁，《上帝之城》，上册，页 137。另参下册，页 164。
③ 《古希腊抒情诗集》，第 1 册，页 55-57。

的都是"优良生活",亦即完美、自足、幸福而高尚的生活(《政治学》1280b39-1281a4)。施特劳斯表明:"政治社会是唯一一种追求实现人类至善的团体,那种至善被称为幸福。幸福意味着实践道德美德高于一切,意味着实践那些高贵的行动。"①

所以从最根本的意义上说,只有在城邦中才能找到正义和幸福(《理想国》420b5-c1、519e-520a)。哪怕是在最初级的城邦也就是所谓的"猪的城邦"中,正义与幸福也是同一的。"健康的城邦之所以幸福,是因为它是正义的,它是正义的又在于它是幸福的。它是正义的,任何人也都不需要担心自己的正义问题;它天然就是正义的。"②而埃斯库罗斯早就说过,健康的心灵才能让人喜爱,才能获得人们极度渴望的幸福(《和善女神》535-537行)。正义不是一种抽象的原则,其目的在于产生并维护政治共同体的幸福,因而具有极强的实践性,正如阿奎那所说:"实践事物的首要原则是实践理性的对象,它来自最终目的,……幸福或者至福。"③ 正义的目标是普遍的幸福,或者说正义本身就等于幸福。

对于个人来说也是如此,只要正义,宙斯就会赐给他幸福(赫西俄德《劳作与时令》275-281行)。幸福在古希腊还有一个替代的说法,即"美好生活"或"过得好"

---

① 施特劳斯,《苏格拉底问题与现代性》,彭磊等译,北京:华夏出版社,2008,页22。另参亚里士多德《政治学》1325a30。

② Leo Strauss, *The City and Man*, The University Press of Virginia, 1964, p. 94.

③ 阿奎那,《神学大全》II. 90. 2,见阿奎那《论法律》,杨天江译,北京:商务印书馆,2018,页5。另参亚里士多德,《尼各马可伦理学》1129b。

(eu zen)。从消极、被动或最低限度的意义上来说，生活得好的或幸福的人不能对他人行不义，否则会遭到他人的报复，社会陷入混乱和动荡，也就谈不上幸福了。当然，也要免遭他人的不义，这就需要自己变得强大（《法义》829a1-6）。而这种既不主动施与不义，也不被动接受不义，就是一种"中道"。

正义的灵魂和正义的人生活得好，而生活得好的人就是有福的和幸福的，因此正义的人就是幸福的（《理想国》353e-354a）。这种"福报"（μακάριός）看上去是一种"命"，但也与正义直接相关，也就是说正义者自然命就好，日子也会过得好（柏拉图《斐德若》248e-249a），归根到底就在于有神明的护佑：神明借助于节制和正义在人世间构建起美好的生活，给人类带来幸福，让人们能够彼此在友爱中共同生活，甚至还能不断趋近神明（柏拉图《会饮》188e）。正义本身就高尚，而高尚者会得到福佑，相反就会受到神明的惩罚。想要拥有幸福，就必须谦卑地跟从正义女神（柏拉图《法义》715e-716b）。

至此，本文"引子"所提到的难题也就不难解答了。正义的生活本身就是高尚而幸福的，相反，不义的生活方式必定更可耻、更邪恶、更不幸福（柏拉图《法义》663d），因为"正义、勇敢且虔敬之人，就［必然］是完全好的人，而好人就［必然］既好且美地做他会做的事；而做得好的人就［必然］有福佑且幸福，而低劣且做得坏的人就［必然］不幸"。[1] 后人也如此总结道：

---

[1] 柏拉图，《高尔吉亚》507c1-5，见李致远，《修辞与正义》，成都：四川人民出版社，2021，页463。

一个人对于另一个人的行为的真正标准是正义。正义这个原则本身要求产生最大限度的快乐或幸福。正义要求我站在公正的旁观者的立场来看待人间关系，而不对自己的偏爱有所留恋。正义是一个最具有普遍性的原则，它在一切可能影响人类幸福的事情上都规定出一种明确的行动方式。……在同每一个人的幸福有关的事情上，公平地对待他，衡量这种对待的唯一标准是考虑受者的特性和施者的能力。所以，正义的原则，引用一句名言来说，就是："一视同仁。"①

这大概就相当于孔子所谓"己所不欲，勿施于人"（《论语·卫灵公》），这句话也成了"全球伦理"的黄金法则。

正义之所以幸福，就在于正义本身包含着智慧，懂对错，知善恶，明事理，也就具有了掌控生活的能力，自然也就过得幸福。柏拉图的如下断语堪称定论：

> 正义是杰出的品质和智慧，非正义是低劣的品质和无知。……如果正义是美德和智慧，那么，我认为正义将轻易地显得比非正义更强大，正因为非正义是无知。……有正义的灵魂、有正义的人将生活得好，没有正义的人将生活得差。……有正义的人幸福，没有正义的人痛苦。（《理想国》350d-354a，王扬译）

正义这种"总德性"，包含节制，因而正义者能够控制自己的欲望，不会被永远难以餍足的非分之想毁掉自己的

---

① 葛德文，《政治正义论》，页 11-12、84-85。

生活。而且，幸福不是外在的或物质性的东西，内在的正义完全能够造就内在的也就是真正的幸福。

当然，这种幸福不是没有条件的，这个条件就是德性。其实从正义的本质也完全可以推导出"正义—幸福—德性"的铁三角关系：正义是一种神圣的德性，同时又是幸福的源泉，因而德性必然就是正义的，或者说必须以正义这种德性为基础。正义的功用在于幸福，幸福也就在于德性。从逻辑上来说，幸福是德性最完满的运用和实现，因而"德即福"。① 这种理论只有真正的"人"才配得上，因为"人和神具有同一种德性，任何其他种类的生物都不具有它。这种德性不是什么别的，就是达到完善，进入最高境界的自然"（《论法律》1.25，王焕生译）。幸福能够在完美的德性中得到充分的保障，完满的德性本身就是幸福，也就包括长寿（西塞罗《图斯库路姆论辩集》1.10，5.2），即中国先贤所谓"仁者寿"（《论语·雍也》）。总之，幸福是自身的完满，而德性就是自身的充实和圆满，那么"一切有德者就拥有幸福"（omnes virtutis compotes beati sunt, 西塞罗《图斯库路姆论辩集》5.39）。

四 "正义"的衰变

在古代，正义本是"天经地义"，也就是说，人们相信世界上存在着"自然正义"（physeos dikaion，《高尔吉亚》484b）。但正义的这种独立性和自主性在后世却逐渐消失，

---

① 亚里士多德，《政治学》1328a38，另参 1323b41–1324a2；《尼各马可伦理学》1106b27 以下；柏拉图，《理想国》353e–354a；西塞罗，《论神性》1.48。

最终，正义也就很难成立了。更为重要的是，正义的基础也从天道或自然等神圣的东西转变为人的理性，再具体化为统治者的意志，最后堕落成"普遍同意"即"公共意志"，实际上抽掉了正义的根基，正义必然会因为"无根"而枯萎和凋谢。"祛魅"之后的正义被掏空了实质性的内涵，只剩下空洞的形式，其名称也因语言的含混性而逐渐变成了"权利"，这时，即便我们可能还在谈论正义，但实际上已经只是在谈论"权利"了——正义已名存实亡。

所谓"自然正义"，又作"自然正当"（natural right），就是说某种道德或规则凭其本身就是正确、正当即正义的，与任何外在的功利、效果和意见无关，就像真正的自然法（lex naturalis 或 ius naturale）一样，乃是稳定、恒常、唯一、共同、普遍、永恒不变的（西塞罗《论共和国》3.33）。正义与法律、道德和理性有着密切的关系，当然也必然会产生某种后果，但正义高于理性，更超越于功利之上。在拉丁语中，正义（iustitia）乃是更为抽象和普遍的"法"（ius）的目标或结果，本身就值得追求：

> 应该为了法（ius）和各种高尚品性本身（sua）而追求它们。实际上，所有高尚的人都喜欢公正和法本身。……法由于自身而要求人们追求和培养。既然法是这样，那么正义（iustitia）也应该是这样。……正义既不要求任何报酬，也不要求任何赏金，从而是为其自身而追求。（西塞罗《论法律》1.48，王焕生）

但后世不再因正义本身而追求它，反倒以效果来拉低其存在的地位，最典型的就是休谟的如下说法："正义是对社会有用的，因而至少其价值的这个部分必定起源于这种考虑，要证明这一命题将是一件多余的事情。公共的效用是正义的唯一起源，对这一德性的有益后果的反思是其价值的唯一基础。"① 正义对社会当然是有用的，但这种有用性并不是正义的源泉，只不过是它的衍生物，休谟在这里显然是"倒果为因"了。休谟根本不承认正义的"自然性"，因为"自然"一词意思太多，也太含混，要争论正义是否自然，简直白费力气！休谟的理由还在于：既然有成文法，自然正义自然就没有用处了。

如果我们在如此低级的层次上理解正义，正义实际上就已经不存在了，洛克说："如果平等和正义都不过是效用，那为什么要信守诺言呢？靠什么来保卫社会呢？人与人的共同生活是什么？如果每个人不但可以而且必须费尽心机攫取他人据守之物，人与人的交往除了欺骗、暴力、仇恨、窃夺、谋杀等等此类的东西，还能有什么呢？"② 以有用为标准，实际上就是以"人"为标准，因为有用是对人而言的。以有用为正义的唯一基础，实际上就是以人的利益为终极目标。这与康德所谓"人为自然立法"一样，看起来大大提高了人的主体地位，实则解除了对人类欲望的所有限制，最终必将导致人类的自我灭亡。就这里所讨论的主题来说，正义就从神义论下滑为人义论，一切社会规范（包括友爱和慷慨等）从此都可以根据人的利益或用处而予以废除。

古人认为，正义背后是天地大法，人类不可能凭借其可怜的能力随随便便就能将其废除。换言之，正义乃是天

---

① 休谟，《道德原则研究》，页 35。
② 洛克，《自然法论文集》，刘时工译，上海：上海三联书店，2015，页 162-163。

道，是自然秩序的外化，是神明的命令或指示，是自然目的的实现。"自然正义"中的"自然"本身也包含着目的论，因而就是神圣的，不以人的意志为转移，也不可改易。现代社会以理性为一切思想的基础，以科学为准绳，以逻辑为手段，以人的利益为旨归，否认正义的自然性，也就是否定了正义的宇宙论基础和目的论，不承认自然是有秩序的（这种神圣的秩序就是人世秩序的来源）。

桑德尔对（霍布斯、康德和罗尔斯等人的）这种现代思想做了深刻的批驳："如果说，无论是自然还是宇宙都不能提供一种可以为人类把握或理解的意义秩序，那么人类主体也无法构造他们自己的意义。这或许可以解释自霍布斯以降的契约论为何得以突显，而与之相应，力举唯意志论伦理学以反对认知伦理学的倾向何以在康德那里达到登峰造极的地步之因由所在。然而，在人们再也无所发现的地方却仍然多少留有可待开创的余地。"① 人们普遍认为传统宇宙论乃是过时而落后的学说，一点不科学，但今天人们遭受了现代理论泥沼之后，发现那些可能"再也无所发现的地方"不仅还有可以开垦的余地，还很可能是我们自我救赎的源泉。

现代人砍掉"自然神论的头颅"，抛弃颇具迷信色彩的目的论思想，结果只能把正义安放在人的理性之上，理性成了人类思想的法庭、法官、陪审员、法律法规、原告、被告和执法警察，几乎无所不能。霍布斯说："不违反理性就不违反正义。"② 只要合乎理性，就是正义，也就是人的权利。这无疑是人义论的胜利，尽管未必是好事，因为

---

① 桑德尔，《自由主义与正义的局限》，页212。
② 霍布斯，《利维坦》，页110。

"人的理性现在成为知识秩序的至上建筑师；它成为万物的尺度。自然法的客观基础，ordo rerum［万物的秩序］和永恒法消失不见了。所谓的自然法，不过就是从绝对命令、从实践理性的调整性理念中推导出来的一系列结论而已"①。理性取代天道或自然秩序成了政治法律的基础，最终就摧毁了所有的秩序，沃格林指出："'理性主义者'（rationalist）否认精神秩序在他自身中是一种活生生的力量，从而犯下了摧毁实在秩序的原罪。"②

现代人也谈论"自然"和"自然法"，但这种"自然"已经"物理化"了，不再是凭借其自己就能够存在并因而可以为其他存在奠基的超越而神圣的存在，变成僵死、被动甚至野蛮而恐怖的盲目力量。以这种物理自然为基础的"正义"丧失了神圣的维度，只以"习俗"甚至统治者的"命令"为正义的来源。当然，正义内涵的"裂变"在古希腊所谓"自然"（physis）与"习俗"（nomos）的纷争中就已经开始了（《高尔吉亚》482e-484c，489b）。亚里士多德也把"政治的正义"分成了"自然的正义"和"习俗的正义"（或法律正义或传统正义），认为两者都是可以变动的，因为我们所处世界中的一切都是可变的（《尼各马可伦理学》1134b）。

这样的划分看似在更为细致地理解"正义"，实际上是贬低了自然正义，把它放在与"习俗正义"相同的地位上，本质上也就取消了正义本身。西塞罗以古希腊晚期怀疑主义哲学家卡尔涅阿得斯（Carneades）为例，说明这种划分简直是"糟蹋"正义，西塞罗说："当卡尔涅阿得斯把正

---

① 罗门，《自然法的观念史和哲学》，页80-81。
② 沃格林，《新秩序与最后的定向》，页238。

义分成两部分，称其中一部分为公民性的，称另一部分为自然性的时候，他就把这两部分都糟蹋了，因为公民性的那一部分是一种明智，却是非正义，而自然性的那一部分是一种正义，但不明智。他的这些论述机敏而恶毒。"（西塞罗《论共和国》3.30-31，王焕生译）卡尔涅阿得斯这位才华横溢的哲学家承认"自然正义"，却认为这种"毫不利己、专门利人"的高尚操守在现实生活中显得愚不可及；而损人利己者虽看上去精明，却是一个恶毒的人。归根结底，在卡尔涅阿得斯以及很多现代人看来，正义没有可靠的基础，因而也就很难成立。

因此，正义要么是人为的，要么根本就不存在。至少在所谓的自然状态下，根本没有正义可言，斯宾诺莎就直白地说："在自然状态下，即无所谓公正或不公正，唯有在社会状态下，经过公共的承认，确定了何者属于这人，何者属于那人，才有所谓公正或不公正的观念。由此足见，公正与不公正，功与罪皆是外在的概念，而不表明心灵的性质的属性。"[1] 自然状态中没有善恶，没有法规，当然也就没有正义。尽管这种自然状态学说很成问题，因为它解释不了任何东西，本身却需要大量的解释，[2] 但这种学说在现代十分流行，本身就是现代政法思想的基础。

自然状态说取消了正义的自然性和神圣性，如果这个世界终究还是需要正义，也只能是人为的或约定的。休谟说："正义和非正义的感觉不是由自然得来的，而是人为的（虽然是必然的）由教育和人类的协议发生的。……为了避

---

[1] 斯宾诺莎，《伦理学》，贺麟译，北京：商务印书馆，1998，页200-201。

[2] 舍勒，《论人的理念》，魏育青译，见刘小枫编，《舍勒选集》，页1283。

免得罪人起见,我在这里必须声明:当我否认正义是自然的德时,所用自然的一词,是与人为的一词对立的。在这个词的另一个意义下来说,人类心灵中任何原则既然没有比道德感更为自然的,所以也没有一种德比正义更为自然的。……正义的规则虽然是人为的,但并不是任意的。"①即便休谟为"人为"加上了一些限制,也完全无法为正义奠基。这与荀子"性恶论"所遇到的困难差相仿佛,而孟子的性善论也面临同样不完备的问题。

正义即便是"人为"的,也不是一般人所能为,而只能是有能力的亦即掌握话语强权的人才能够染指的。正义不是自然而然或卓然独立的,而是"命令"的结果,如霍布斯所说:"只有给出了命令,才存在着正义和不义。因此于正义和不义的自然是与命令相关的,而行为就其自身的自然而言则是无关紧要的。什么是正义和不义的问题源自统治者的权力。合法的君主因此可以通过发命令而使他们所命令的事成为正义的,通过发禁令而使他们禁止的事成为不义的。"② 斯宾诺莎也同样认为:"公正以及理智所有的训诫,包括爱人在内,其得到法律与命令的力量,完全是通过统治之权,那就是说完全有赖于有统治权的人的命令。"③ 这实际上就是"强权正义论",这个意义上的"正义"已经变成了有权力者的权利。

霍布斯说,"正义的本质就是给予每个人他应得的",④这看上去与包括柏拉图在内的古典思想家所说大体一致,

---

① 休谟,《人性论》,关文运译,北京:商务印书馆,1980,页 523–524。
② 霍布斯,《论公民》,页 121。
③ 斯宾诺莎,《神学政治论》,页 260。
④ 霍布斯,《论公民》,页 207。

但霍布斯这里的正义已然具有"权利"的含义。霍布斯创立了近代政治法律思想的基础，但不幸的是，他的观点与柏拉图《理想国》中那位鲁莽而强硬的智术师完全一致："这不外乎宣称：不存在确凿无疑的正义，只要人们想要，并且可以不受惩罚地去做，就不存在禁止人们去做哪怕是如此歹毒之事的正义。背叛、谋杀、下毒、折磨无辜者，只要能够成功，就一切都是正义的。"① 正义与成功无关，也与权力甚至强权没有必然的联系。在莱布尼茨看来，这种观点乃是混淆了"权利"（Recht）与"法律"（Gesetz），掌握法律的人不一定正义，而要求权利的人必然是正义的。所以，特拉叙马霍斯的观点归根结底是自我解构性的，他对正义的论证最终彻底毁掉了正义。

"正义"变为"权利"，而权利总是个体性的，因此正义也就成了个体的规定，不再具有普遍性（更不用说神圣性了）。斯宾诺莎说："犹如严格意义上的罪恶与服从问题一样，如果不是在国家里面，公正与不公正问题也是不可设想的。其实，在自然中没有什么东西可以说是属于这个人而不属于那个人的权利；一切东西属于一切人，也就是说，属于有力量将该物占为己有的人。反之，在国家里面，每个人的财产是按照共同的法律确定的。如果一个人具有恒常的意志，把每个人自己的东西归于每个人，他就被称为公正的；如果企图将他人的东西占为己有，他就被称为不公正的。"② 这样的说法已为现代人所习惯，看上去没有什么问题，但我们不妨深入思考：自然状态中没有正义，

---

① 莱布尼茨，《关于正义概念的思想》，舒远招译，见邓安庆编，《自然法与现代正义——以莱布尼茨为中心的探讨》，上海：上海教育出版社，2017，页3。

② 斯宾诺莎，《政治论》，页22。

社会状态下也很难说有正义。人在社会状态中有权利也就有正义了吗？权利即便不是正义的死对头，至少也没有直接的联系。这种权利式的正义对于社会生活来说究竟有多大的效力，应该不难辨明。

古人并非不重视权利，但更重视法或规则——这两种意思都有机地结合在 ius 这个词中了。而且，在古典思想中，正义本来是以义务（也就是利他行动）为中心的，最低限度而言，ius 即便有权利的意思，但也是以正义为前提的。正义乃是权利的基础，如奥古斯丁所说："在没有真正的正义的地方，不会有'权利'（ius）。因为'权利'就是正义地做的事；不正义地做的事，不会是'权利'。人类的邪恶制度，不能说成或认为是权利，但是，就是人们自己也说，这权利来自正义的源泉。"[1] 就连霍布斯也需要在表面上承认"任何人完成了他全部的义务就叫'正义'的"。[2] 但现代人似乎只看着权利，忘掉了正义更根本的意思，当然就远离 dike 这种"正道"了。

以权利来代替正义，究竟离正道有多远？简单地说，正义从天道或天地大法变成了个人的斤斤计较（"理性"的本义即"计算"），永恒而神圣的人类伟业严重缩水，几乎不存在，只剩下保命了。霍布斯说："如果一个人尽全力去保护他的身体和生命免遭死亡，这既不是荒诞不经的，也不应受指责，也不是与正确的理性（right reason）相悖的。可以说，不与正确的理性相悖，就是按照正义和权利（Right）去行事的。'权利'这个词确切的含义是每个人都有按照正确的理性去运用他的自然能力的自由。因此，自

---

[1] 奥古斯丁，《上帝之城》，下册，页 157。
[2] 霍布斯，《论公民》，页 38。

然权利的首要基础就是：每个人都尽其可能地保护他的生命。"[1] 保命固然是人的权利，当然也符合正确的理性，但如果正义和（正确的）理性只是为了保命，则不用说什么高尚、美好和神圣了。古人也讲自我保护（尤多见于亚里士多德的《政治学》），但从来没有把这么低级的东西当成至高无上的目标。

正义的基础如果（仅仅）是理性，那么正义就是由人的自由意志所决定的，因为我们通常所说的"理性"已经与神明和超越性无关，而是世俗的"机关算尽"。这种理性最终会变成"意志"，当然首先是统治者的意志，而在民主时代，人民群众在理论上成了统治者，因而正义就是他们的普遍意志。在现代社会，人人都有理性，因而人人都能决定什么是正义。于是，正义的基础又转变为"自由"了，只有"自由"才有资格确定正义。黑格尔说："法和正义必须在自由和意志中有其位置，而不是在恐吓所转向的不自由中。如果以此方式寻求刑罚的基础，就好像对着狗举起杖来，人不是根据他的尊严和自由而是像狗一样受对待。恐吓固然在根本上会激发人们，以证明他们的自由对抗恐吓，但毕竟把正义完全摔在一边。"[2] 这样的说法当然没有问题，但把正义放在太低的基础上，看上去更像"消极正义"，对社会生活很难说什么有实质性的意义。霍布斯和洛克等人都把正义视为人们的普遍同意或"共通的同意"，也就是黑格尔所说的"全体人民的一个自立的、具有自我意识的意志"，[3] 实际上就是桑德尔所批判的"唯意志论"。

---

[1] 霍布斯，《论公民》，页 7-8。
[2] 黑格尔，《法哲学原理》，页 180-181。
[3] 黑格尔，《精神现象学》，页 283。

但这个过程目前看来是不可逆的,最终,正义要靠"公投"来决定——这就是荒唐的现实。

五 结语

天地万物皆有秩序,根据这种秩序而存在并遵守这种秩序而运行,也就分有(participate)或分享了这种秩序,就是走在"正道"上——古人把它叫做"正义"。相反,违背事物的本性或本质,不遵守其内在的本来结构之秩序,又不按照其应有的轨迹来运行,那就是"失序"或"不义"。"正义"原来的含义非常丰富而神圣,远不是后世如英语的 justice 所能涵盖的,因为它来自天地大法(themis),也向人类指示着天道秩序——从词源上说,它在希腊语中的意思最初就是"指明"。而现代人逐渐以理性、功用、意志、同意等等作为正义的根基性,偏离了"正义"的正道,当然就会陷入"失范"(anomie)或"失序",因为"只从人来,就是虚妄的"。①

正义最基础的含义就是"拥有属于自己的东西、从事自己的本职工作,这就可被公认为是正义"(《理想国》434a)。这就要求形式与内容相一致,具体说来,就是城邦中每一个人所从事的外在性的工作正好能与其内在的本性相符合,那就是正义。正义是一种具体而高贵的德性(《法义》859d),也是"总德性"。也就是说,"正义"在四种最主要的也最神圣的德性中,处于"发动机"或"领头羊"的地位,乃是德性之首,甚至是一切德性的总称,因为正义可以给智慧、勇敢和节制提供动力,使之不灭,实

---

① 奥古斯丁,《上帝之城》,下册,页8。

际上就是其他三种德性的"保护神"。正义既有伦理的意义,旨在"成己",更有政治的意义,意在"成人"。正义的功用在于自己以及整体的幸福,它必须以德性为基础。甚至连尼采这样重估或解构西方思想基础的人也把正义与幸福相提并论,"对过去的观察使他们涌向未来,点燃起他们的勇气来更长久地与生活较量,激发起正义的东西还将来临、幸福就在他们奔向的山背后的希望"。①

正义是人之为人的基本要求,是高贵和善良的代名词,有助于让人成为真正的人,"如果正义消失了,人活在尘世上就不再有任何价值了"。② 因此,正义本来、从来不是问题,也不应该是可以怀疑和否定的对象。在天道、秩序、幸福和德性的加持下,正义具有永恒的光辉。即便从实用主义和功利主义的世俗意义上说,正义能够更好地安定每个人的内心,团结所有人,共同对待人类不断面临的各种挑战,构建和谐幸福的生活。如果非要给正义的所谓难题寻找出路,那也很简单,回到真正的正义,打破人类中心主义(即所谓人是万物的尺度,过分抬高人的地位对人十分有害),敬畏自然和超验的存在,按照先贤的指导以及内在的德性要求来生活,一句话,像"人"一样地活着,则自由、平等、和谐与幸福等等自然至矣。

在中国古代思想体系中,仁、义、礼可谓"三位一体",相辅相成,互为表里,相互支撑。简单地说,仁为本体,礼为其外化,而义则是两者的桥梁,否则仁与礼就断为两截了。如果简单地把仁比作"圣父",把礼比作"圣

---

① 尼采,《不合时宜的沉思》,李秋零译,上海:华东师范大学出版社,2007,页146。
② 康德,《道德形而上学》,见《康德著作集》,页343。

子",而把义视为"圣灵",无疑不太恰当,至少太简单化了,但也多少能够让我们理解"仁—义—礼"这个最为重要的中华文明表达式的意义。在孟子那里,恻隐之心、羞恶之心、辞让之心、是非之心,既分属不同的道德内涵,又都是人之大体,共同构成人的本质。仁义乃是人之为人的"道",即(求道之)"路"和(成人之)"门",孟子曰:"夫义,路也;礼,门也。惟君子能由是路,出入是门也。"(《孟子·万章下》)

推荐书目:

柏拉图,《理想国》,王扬译,北京:华夏出版社,2012

罗尔斯,《正义论》,何怀宏等译,北京:中国社会科学出版社,2009

麦金泰尔,《谁之正义?何种合理性?》,万俊人等译,北京:当代中国出版社,1996

劳埃德,《宙斯的正义》,程志敏译,北京:华夏出版社,2020

程志敏,《古典法律论》,上海:华东师范大学出版社,2013

程志敏,《古典正义论》,上海:华东师范大学出版社,2015

黄玉顺,《中国正义论的形成》,北京:东方出版社,2015

文 选

义者,谓各处其宜也。礼者,因人之情,缘义之理,而为之节文者也。故礼者谓有理也,理也者,明分以谕义之意也。故礼出乎义,义出乎理,理因乎宜者也。(《管子·心术上》)

绝圣弃智,民利百倍;绝仁弃义,民复孝慈;绝巧弃利,盗贼无有。此三者以为文不足,故令有所属,见素抱朴,少思寡欲,绝学无忧。(《道德经》十九章)

故失道而后德,失德而后仁,失仁而后义,失义而后礼。夫礼者,忠信之薄,而乱之首。(《道德经》三十八章)

夫礼,天之经也,地之义也,民之行也。(《左传·昭公二十五年》)

禁民为非曰义。(《周易·系辞下》)

小人不耻不仁,不畏不义,不见利不劝,不威不惩。小惩而大诫,此小人之福也。(《周易·系辞下》)

子曰:"君子之于天下也,无适也,无莫也,义之与比。"(《论语·里仁》)

子曰:"君子喻于义,小人喻于利。"(《论语·里仁》)

子曰:"不义而富且贵,于我如浮云。"(《论语·述而》)

子曰:"克己复礼为仁。一日克己复礼,天下归仁焉。为仁由己,而由人乎哉?"(《论语·颜渊》)

子曰:"今之成人者何必然?见利思义,见危授命,久要不忘平生之言,亦可以为成人矣。"(《论语·宪问》)

子曰:"志士仁人,无求生以害仁,有杀身以成仁。"(《论语·卫灵公》)

子曰:"君子义以为上。君子有勇而无义为乱,小人有勇而无义为盗。"(《论语·阳货》)

何以知义之为正也?天下有义则治,无义则乱,我以此知义之为正也。然而正者,无自下正上者,必自上正下。(《墨子·天志》)

人皆有不忍人之心。先王有不忍人之心,斯有不忍人之政矣。以不忍人之心,行不忍人之政,治天下可运之掌上。所以谓人皆有不忍人之心者,今人乍见孺子将入于井,皆有怵惕恻隐之心,非所以内交于孺子之父母也,非所以要誉于乡党朋友也,非恶其声而然也。由是观之,无恻隐之心,非人也;无羞恶之心,非人也;无辞让之心,非人也;无是非之心,非人也。恻隐之心,仁之端也;羞恶之心,义之端也;辞让之心,礼之端也;是非之心,智之端也。人之有是四端也,犹其有四体也。有是四端而自谓不能者,自贼者也;谓其君不能者,贼其君者也。凡有四端于我者,知皆扩而充之矣,若火之始然,泉之始达。苟能充之,足以保四海;苟不充之,不足以事父母。(《孟子·公孙丑上》)

自暴者不可与有言也，自弃者不可与有为也。言非礼义，谓之自暴也；吾身不能居仁由义，谓之自弃也。仁，人之安宅也；义，人之正路也。旷安宅而弗居，舍正路而不由，哀哉！（《孟子·离娄上》）

仁义礼智，非由外铄我也，我固有之也，弗思耳矣。（《孟子·告子上》）

口之于味也，有同耆焉；耳之于声也，有同听焉；目之于色也，有同美焉。至于心，独无所同然乎？心之所同然者何也？谓理也，义也。圣人先得我心之所同然耳。故理义之悦我心，犹刍豢之悦我口。（《孟子·告子上》）

鱼我所欲也，熊掌亦我所欲也，二者不可得兼，舍鱼而取熊掌者也。生亦我所欲也，义亦我所欲也，二者不可得兼，舍生而取义者也。（《孟子·告子上》）

为人臣者怀利以事其君，为人子者怀利以事其父，为人弟者怀利以事其兄，是君臣、父子、兄弟终去仁义，怀利以相接，然而不亡者，未之有也。先生以仁义说秦楚之王，秦楚之王悦于仁义，而罢三军之师，是三军之士乐罢而悦于仁义也。为人臣者怀仁义以事其君，为人子者怀仁义以事其父，为人弟者怀仁义以事其兄，是君臣、父子，兄弟去利，怀仁义以相接也，然而不王者，未之有也。何必曰利？（《孟子·告子下》）

正义直指，举人之过，非毁疵也。（《荀子·不苟》）
故正义之臣设，则朝廷不颇；谏争辅拂之人信，则君

过不远。(《荀子·臣道》)

昔万乘之国,有争臣四人,则封疆不削;千乘之国,有争臣三人,则社稷不危;百乘之家,有争臣二人,则宗庙不毁。父有争子,不行无礼;士有争友,不为不义。(《荀子·子道》)

不学问,无正义,以富利为隆,是俗人者也。(《荀子·儒效》)

水火有气而无生,草木有生而无知,禽兽有知而无义,人有气、有生、有知,亦且有义,故最为天下贵也。力不若牛,走不若马,而牛马为用,何也?曰:人能群,彼不能群也。人何以能群?曰:分。分何以能行?曰:义。故义以分则和,和则一,一则多力,多力则强,强则胜物。(《荀子·王制》)

凡奸人之所以起者,以上之不贵义,不敬义也。夫义者,所以限禁人之为恶与奸者也。今上不贵义,不敬义,如是,则下之人百姓,皆有弃义之志,而有趋奸之心矣,此奸人之所以起也。且上者,下之师也,夫下之和上,譬之犹响之应声,影之像形也。故为人上者,不可不顺也。夫义者,内节于人而外节于万物者也,上安于主而下调于民者也。内外上下节者,义之情也。然则凡为天下之要,义为本,而信次之。古者禹汤本义务信而天下治,桀纣弃义倍信而天下乱。故为人上者,必将慎礼义,务忠信,然后可。此君人者之大本也。(《荀子·强国》)

义之所在,不倾于权,不顾其利,举国而与之不为改视,重死持义而不桡,是士君子之勇也。(《荀子·荣辱》)

挈国以呼礼义,而无以害之,行一不义,杀一无罪,而得天下,仁者不为也。㩌然扶持心国,且若是其固也。之所与为之者,之人则举义士也;之所以为布陈于国家刑法者，则举义法也；主之所极然帅群臣而首乡之者，则举义志也。如是，则下仰上以义矣，是綦定也。綦定而国定，国定而天下定。仲尼无置锥之地，诚义乎志意，加义乎身行，著之言语，济之日，不隐乎天下，名垂乎后世。(《荀子·王霸》)

义者，谓其宜也，宜而为之，故曰："上义为之而有以为也。"(《韩非子·解老》)

光有泽而泽有事；义者，仁之事也。事有礼而礼有文；礼者，义之文也。(《韩非子·解老》)

义也者，万事之纪也，君臣、上下、亲疏之所由起也，治乱、安危、过胜之所在也。(《吕氏春秋·过威》)

义者，艺之分，仁之节也。协于艺，讲于仁，得之者强。仁者，义之本也，顺之体也，得之者尊。故治国不以礼，犹无耜而耕也；为礼不本于义，犹耕而弗种也；为义而不讲之以学，犹种而弗耨也；讲之于学而不合之以仁，犹耨而弗获也；合之以仁而不安之以乐，犹获而弗食也；安之以乐而不达于顺，犹食而弗肥也。(《礼记·礼运》)

仁者，天下之表也；义者，天下之制也。(《礼记·表记》)

义在正我，不在正人，此其法也。夫我无之而求诸人，我有之而诽诸人，人之所不能受也，其理逆矣，何可谓义？义者，谓宜在我者，宜在我者，而后可以称义。故言义者，合我与宜以为一言，以此操之，义之为言我也。故曰：有为而得义者，谓之自得；有为而失义者，谓之自失。人好义者，谓之自好；人不好义者，谓之不自好。以此参之，义，我也，明矣。是义与仁殊。仁谓往，义谓来；仁大远，义大近。爱在人，谓之仁，义在我，谓之义；仁主人，义主我也。故曰：仁者，人也，义者，我也，此之谓也。君子求仁义之别，以纪人我之间，然后辨乎内外之分，而著于顺逆之处也。是故内治反理以正身，据礼以劝福，外治推恩以广施，宽制以容众。(《春秋繁露·仁义法》)

义，仁之动也，流于义者于仁或伤；仁，体之常也，过于仁者于义或害。(张载，《张载集》，章锡琛点校，北京：中华书局，1978，页34)

礼义者，所以充其未足之善；法制者，矫其已习之恶。(徐积，《荀子辩》，见《宋元学案》卷一，《黄宗羲全集》，杭州：浙江古籍出版社，1985，第3册，页65)

宙斯将暴雨向大地倾泻，发泄对人类的深刻不满，因为人们在集会上靠武力不公正地裁断，排斥公义，毫不顾忌神明的惩罚。(荷马，《伊利亚特》16.385–388，罗念生、王焕生译，北京：人民文学出版社，1994，页394)

可悲啊，凡人总是归咎于我们天神，说什么灾祸由我们遭送，其实是他们因自己丧失理智，超越命限遭不幸。(荷马，《奥德赛》1.32–34，王焕生译，北京：人民文学出版社，1997，页2)

无瑕的国王，敬畏神明，高举正义，黝黑的土地为他奉献小麦和大麦，树木垂挂累累硕果，健壮的羊群不断繁衍，大海育鱼群。（荷马，《奥德赛》19.109-113，王焕生译，北京：人民文学出版社，1997，页354）

你要倾听正义，彻底忘掉暴力。克洛诺斯之子已为人类安排下了法律，而鱼、兽和胁生双翼的鸟儿互相吞食，因为它们之间没有正义；但他把正义赐给了人类，那可是所有东西中最好的；如果人们愿意在认识中讲正义，鸣雷的宙斯就会赐他幸福。（赫西俄德，《劳作与时令》275-281行，程志敏译，见《古典法律论》，上海：华东师范大学出版社，2013，页271）

违法乱章给城市带来了太多灾难，而公正的法制才能将一切治理得和谐安睦，及时地给犯法的人套上枷锁；她（即正义女神）为社会平整高低，制止过度，削弱狂妄，使罪恶之花在开放前就干枯凋零，她修整法律的弯曲的道路，软化社会上过于骄横的行为，制止一切内乱，制止人们之间的仇恨和纠纷，在她的一手安顿下，人间将充满智慧和公正。（《古希腊抒情诗集》，王扬译，上海：上海人民出版社，2018，第1册，页55-57）

我给予人民应有尽有的权利，不多也不少，既没有减弱他们的尊严，也没有增加额外的虚荣；对于那些权贵，那些人们刮目相看的诸侯，我同样不让他们拥有不义之财；我站在两者之间，手持强盾，护此护彼，不让任何一方非法取利，占据上风。如此，人们能不失尊严地跟随他们的领袖，既不过分受人钳制，也不完全自由散漫；当奢望得到满足，当人见到金钱和财富接踵而来，他们的思想便开

始萎靡不振。(《古希腊抒情诗集》,王扬译,上海:上海人民出版社,2018,第1册,页57-59)

这些改革,我凭法律的力量结合了暴力和正义,将其实施并贯彻到底,如我所承诺。我立下同时适合平民和贵族的法规,使公平的正义对每一个人产生制约。当他人像我一样掌握大权,若是他头脑简单、贪图钱财,他不可能控制住民众;如果当初我想一时推行一方人所欢迎的东西,转眼又推行另一方人所巴望的东西,我们的城邦不知会失去多少公民。正因如此,我不得不处处保护自己,如同一条孤狼,徘徊进退于群犬中。(《古希腊抒情诗集》,王扬译,上海:上海人民出版社,2018,第1册,页71)

在某些地方恐惧是好的,它是心灵的监看者,必须坐在那里长久居留;人们从困苦中汇集智慧。一个城邦或凡人,如果他的心不曾在畏惧中受到教益,怎么会再敬畏正义女神?不要不受管束的生活,也不要受专制统治;神明使各种中道具有力量,然而它们的形式却不相同。我还要提起适宜的话,事实上,肆心是不虔敬的孩子,健康的心灵才能获得所有人喜爱和极度渴望的幸福。在所有事情中,我告诉你,敬畏正义的祭坛,切不可看到有利可图,就用不虔敬的脚将它践踏。那样报应也会降临。至高无上的权力也会等待你。鉴于此,人首先要敬畏父母,尊重来到家中的宾客,保持羞耻之心。因此谁能无须被迫地去行正义,他就不会不幸福,他也永远不会走向毁灭。我告诉你,那些胆敢僭越的人不正当地得来许多聚敛的财物,终于会被迫降下布帆,当苦难的风暴,折断了他的桁端。没人听见他在风暴中呼救,与漩涡的斗争也徒劳,神灵嘲笑鲁莽的人,眼看他这个不再自夸的人无法抵挡高高降临的灾难。他从前幸福的船舶,撞上正义的砥柱,死去也无哀悼,无人看见。……敬畏和天生的恐惧能日日夜夜抑制不义,只要邦民自己不会引入新的法律。一旦邪恶的涌流灌入清水中,你将永远找不到好水可饮。既不要不受管束,也不要专制统治,倘若邦民遵从我的法令,就应心存敬畏;他们也不应让城邦彻底抛弃畏惧感。在凡人中有谁毫无畏惧却能行正义?(埃斯库罗斯,《和善女神》517-699行,龙卓婷译,未刊稿)

安提戈涅 须知,向我宣布这法令的不是宙斯,和冥间诸神同居地下的正义女神也没有为人间制定过这种法律。我不认为你(按:指克瑞昂)的法令有这么大的效力,以致一个凡人可以践踏不成文的、永不失效的天条神律。后者的有效期不限于今天或昨天,而是永恒的,也没人知道它们是何时起出现的。

克瑞昂 如果有人恣意妄为,或违犯法律,或想对自己的统治者发号施令,这种人我永远不会赞许。不,对城邦所任命的人,必须服从,不论大事小事,也无论他公正不公正。能这样服从的人,我确信,他不仅能成为好的被统治者,也一样能成为好的统治者,在枪林箭雨中坚持自己被指定的岗位,忠贞勇敢地和战友们一起战斗。不服从领导是最大的祸害,它能毁灭城邦,破坏家庭,使同盟军的队伍溃不成军;服从能使无数品行端正的生命得救。因此,我们必须维护秩序的权威。(索福克勒斯,《安提戈涅》450-457、663-676行,张竹民译,见《古希腊悲剧喜剧全集》,南京:译林出版社,2007,第二卷,页272、287)

我绝不会因为怕死,就违背正义而向任何一个人屈服,即便马上就遭灭顶之灾,也决不屈服。……那时,在轮值主席中,只有我一个人反对你们做任何违法之事,于是我投了反对票[不赞成交付票决]。尽管有些演说家已经打算检举告发我,要求立即逮捕法办我,尽管你们也大喊大叫地恐吓,但在我看来,自己即便冒再大的危险,也必须站在法律和正义一边,而不应该由于害怕监禁或被处死就支持你们,因为你们所提出的议案乃是不义的。(柏拉图,《苏格拉底的申辩》32a-c,程志敏译,北京:华夏出版社,2021,页109-111)

要么说服祖国,要么执行祖国之所命,必须安然承受祖国下令让你承受的东西,无论是鞭打还是监禁,哪怕率领你参加会让人受伤甚或送命的战斗,也必须干,因为这样做就是正义之举。绝不应退让,也不该撤退,更不能放弃阵地。相反,在战斗中、在法庭上以及在任何地方都应该做城邦和祖国所命令的事情,要么则应该以那自然就是正义的东西来劝说祖国。(柏拉图,《克力同》51b-c,程志敏、郑兴凤译,北京:华夏出版社,2017,页17)

所以说啊,苏格拉底,听从我们这些抚育了你的人吧,不要把孩子、生命和其他东西看得比正义更为重要,以便你去了哈得斯之后,才有全部而充分的理由向那里的统治者申辩。如果你做了[克力同提议的]那些事,对你在今生这里显然没有任何好处,既不更正义也不更虔敬,对你的其他亲友也一样,而且你到了那里也不会有什么好处。(柏拉图,《克力同》54b,程志敏、郑兴凤译,北京:华夏出版社,2017,页21)

一旦这位关涉种种善的爱若斯借助节制和正义在我们［世人］和神们中间实现自己的目的，就会具有这种最伟大的能力，为我们带来种种幸福，让我们能够彼此在一起生活、做朋友，甚至让我们能与比我们更强大的神们彼此在一起生活、做朋友。（柏拉图，《会饮》188e，刘小枫译，见《柏拉图四书》，北京：生活·读书·新知三联书店，2015，页199）

一切知识，脱离了正义，……会显出是一种邪恶，而非智慧。（柏拉图，《默涅克塞诺斯》247a，李向利译，见刘小枫主编，《柏拉图全集：中短篇作品》（下），北京：华夏出版社，2023，页1204）

在所有这些［转生的］灵魂中，依正义度日的命会更好，生活过得不义的则命会更坏。因为，每个灵魂在万年之后还要来到它出发的同一地点，在如此长久的时间之前，灵魂不会生出翅羽。（柏拉图，《斐德若》248e-249a，刘小枫译，见《柏拉图四书》，北京：生活·读书·新知三联书店，2015，页328）

正义是杰出的品质和智慧，非正义是低劣的品质和无知。……如果正义是美德和智慧，那么，我认为，正义将轻易地显得比非正义更强大，正因为非正义是无知。……有正义的灵魂、有正义的人将生活得好，没有正义的人将生活得差。……有正义的人幸福，没有正义的人痛苦。（柏拉图，《理想国》350d-354a，王扬译，北京：华夏出版社，2012，页35-40）

一个虔诚、信守誓言的人的孩子,以及他们的孩子,将从此代代相连。他们就是用这样或那样的方法歌颂正义;对于那些没有虔诚之心的人、那些不讲正义的人,他们把这些人埋在哈得斯的某一片沼泽中,迫使对方用筛子取水,当这些人还活着的时候,他们把这些人和种种邪恶的名声相提并论。(柏拉图,《理想国》363d-e,王扬译,北京:华夏出版社,2012,页50)

城邦中的每一个人必须只从事一项最合乎他本性的工作。……干自己的工作、不多管闲事就是正义。……随着智慧、勇气和节制精神,我们找到了城邦中唯一剩下的东西,就是这件东西在为它们三者提供力量,使之得以生存,并且一直在保护它们,使之生存下去,只要它自己能生存。……那些东西中剩下的一定是正义,如果我们找到了其他三件。……拥有属于自己的东西、从事自己的本职工作,这就可被公认为是正义。(柏拉图,《理想国》433a-434a,王扬译,北京:华夏出版社,2012,页148-149)

当他们五十岁时,那些坚持下来并且在各个方面,包括在行动和知识上,都最优秀的人,必须被引向"终点"。当他们的灵魂仰头朝向光亮后,就要强迫他们转而注视为一切提供光明的东西。他们在看到善本身后,要强迫他们轮流在余生中把它用作范型,来管理城邦、私人以及他们自己。他们每一个人的时间大部分都花在哲学研究上,但当他们的轮值来临之时,就要在政治方面花大力气,为了城邦的利益而统治,他们所做的似乎不是某种美好的东西,而是必须要做的。这样,他们总是在教育其他那些与他们相似的人,把后者留在后面接替他们成为护卫者之后,他们就可以离开前往至福岛,并住在那里。城邦会为他们设立公共纪念碑,并且,如果皮提亚赞同的话,还会像祭祀精灵一样祭祀他们;如否,也会把他们当作幸福者和神样的人一样来祭祀。(柏拉图,《理想国》540a4-c2,程志敏译,见《古典正义论》,上海:华东师范大学出版社,2015,页 340-341)

法官们就坐在这些裂口之间,他们审判完后,便吩咐正义的经由天上,从右边往上继续旅程,胸前挂着审判后的标记。而那些不义的,则从左边往下继续走,背后也有他们干过的所有事情的标记。……对所有曾经干过的不义之事、对所有被其行过不义的人,他们都得反过来付出全部的偿罚,做一罚十。也就是说,……他们就要为每一件不义的事给出十倍的偿还。比如,倘若哪些人对很多人的死负有责任——要么背叛了城邦,要么背叛了军队,致使别人成了奴隶,或者是干了别的什么坏事,他们就得为每一件事付出十倍的苦痛。又比如,倘若他们做了什么好事,变得既正义又神圣,也会得到同样标准的回报。(柏拉图,《理想国》614c-615c,张文涛译,见《哲学之诗》,上海:华东师范大学出版社,2012,页 298-300)

首先,明智在属神的诸善中居主导地位。其次是跟随理智的灵魂之节制习性,这些结合勇敢就产生了处于第三位的正义。第四位是勇敢。(柏拉图,《法义》631c,见《柏拉图〈法义〉研究、翻译和笺注》,林志猛译,上海:华东师范大学出版社,2019,第二卷,页 7)

不义的生活方式与正义而虔诚的生活方式相比,必定不仅更可耻、更邪恶,无疑也更不快乐。(柏拉图,《法义》663d,见《柏拉图〈法义〉研究、翻译和笺注》,林志猛译,上海:华东师范大学出版社,2019,第二卷,页33)

按照古代的传说,有一位神,掌握着一切生灵的开端、终点和中段,他通过循环完成依据自然的直接进程。紧随其后的总是正义女神,她是那些背弃神法的人的报复者。想拥有幸福的人,谦卑而又有序地跟随着她。不过,凡是充满自负的人,或者由于财富、荣誉或与年轻和无知相伴随的好体形而感觉轻飘飘的人,其灵魂都会让肆心燃烧着,并由此认为自己既不需要统治者,也不需要任何领导者,反而认为自己能够领导别人,这种人失去了神,遭神遗弃。一遭遗弃,他就与像他那样的人厮混,四处撒野、捣乱一切。对多数人而言,他似乎是个大人物,但不久之后,他便遭到了正义女神无可指责的报复,给自己、家庭及其城邦带来了彻底的毁灭。(柏拉图,《法义》715e-716b,见《柏拉图〈法义〉研究、翻译和笺注》,林志猛译,上海:华东师范大学出版社,2019,第二卷,页79-80)

对恶行所谓的最重大的"惩罚"是变得与恶人相似,同时,在变得相似的过程中,避开好人并切除好的交谈,反倒寻求与坏人交谈而依附他们。天性上不断变得与这些人相似的人,必定会做和遭遇这些人出于本性会对彼此做和说的事。这样的不幸其实不是一种"惩罚",因为,正义之事——包括惩罚,均是高贵的。这是报应,是与不义相伴随的不幸。遭受和逃脱报应的人,都是可怜虫:因为一个人没有获得医治,另一个人则遭到毁灭,以使其他多数人得到拯救。(柏拉图,《法义》728b-c,见《柏拉图〈法义〉研究、翻译和笺注》,林志猛译,上海:华东师范大学出版社,2019,第二卷,页88)

事实上,对自己的过度友爱,正是每个人在各种情形下犯错的原因。就受关爱的东西而言,每个关爱某种东西的人都是盲目的,因此,对于什么是正义、好和高贵,这种人是蹩脚的评判者。因为,他自认为应该始终更看重自己胜过真理。但一个要实现伟大的人,不应专注于自己或属于自己的东西,而要专注于正义的事情——无论是自己还是别人碰巧做的事情。同样由于这个错误,每个人都认为自己的无知是智慧。结果,我们就以为自己无所不知,但事实上可以说,我们一无所知:当我们拒绝将自己不知道如何做的事情交给别人时,我们硬要亲自去做就必然会犯错。因此,人人都应该避免过度自爱,相反,应该始终跟随好过自己的人,不要受任何羞耻感妨碍。(柏拉图,《法义》731e-732b,见《柏拉图〈法义〉研究、翻译和笺注》,林志猛译,上海:华东师范大学出版社,2019,第二卷,页91)

存在两种平等,名称相同,但在诸多方面,实际上几乎完全相反。……通过给重要人物分配多些,给次要人物分配少些,这种平等依据人的自然本性给予每个人公正:这包括较高的荣誉始终归于那些德性上较高的人,对于那些在德性和教养上正好相反的人,则恰如其分地按比例分配。或许,对我们而言,这永远是构成政治正义的东西。……如果有朝一日有人要创建另一个城邦,立法时应该着眼的正是这一点,而非少数人或一个人的僭政,或民众的某种统治权,而应始终着眼于正义。(柏拉图,《法义》757b-d,见《柏拉图〈法义〉研究、翻译和笺注》,林志猛译,上海:华东师范大学出版社,2019,第二卷,页109)

关于整体的正义,以及正义的人、事情和行为,我们全都会同意,这一切都是高贵的。因此,若有人主张正义的人即便身体丑陋,却仍美丽动人,因为他们的性情最为正义,那么,他这样讲看起来绝非信口开河。(柏拉图,《法义》859d,见《柏拉图〈法义〉研究、翻译和笺注》,林志猛译,上海:华东师范大学出版社,2019,第二卷,页186)

一个人可能犯下的任何不义行为,无论大小,法律都应千方百计通过教导和强迫,使其要么不敢再自愿行不义,要么很少再这样做——除了赔偿损害之外。要实现这些目标,得靠行动或言辞,快乐或痛苦,荣誉或耻辱,甚至靠钱财的惩罚或奖赏,总之,要靠一切可以采取的措施,使人们憎恶不义,热爱或至少不憎恶正义的自然本性——这正是最高贵法律的使命。不过,在这些方面,立法者发觉已无可救药的人,又该怎么办?他要为这些人制定什么刑罚和法律?立法者晓得,对于所有这类人,继续活下去并非更好,剥夺其生命能给他人带来双重好处:警示他人莫要行不义,并扫除城邦中的坏人。因此,对于这类人的过失,立法者必然要判处死刑,但对其他人不必如此。(柏拉图,《法义》862d-863a,见《柏拉图〈法义〉研究、翻译和笺注》,林志猛译,上海:华东师范大学出版社,2019,第二卷,页188-189)

不义、肆心连同愚蠢毁灭了我们,而拯救我们的是正义、节制连同明智——这些品质居住于诸神那有灵魂的力量中,但有些人也可以清楚地识辨出,有一小部分居住在我们里面。因此,居住在大地上的某些灵魂获得了不义之财,明显是用野兽般的手段得到的;他们讨好护卫者们——看门狗、牧羊人或那些方方面面都最高超的掌管者——的灵魂,用奉承话或某些祷告般的咒语说服护卫者,让其相信坏人的主张所宣扬的东西:他们可以取得多于人们的那份儿,而不用遭受苛责。但我们兴许可以说,刚刚所谓的过错,即要求比应得的更多,就是所谓的肉身中的"疾病",季节和年月中的"瘟疫",它在诸城邦和政制中换了个名称:不义。(柏拉图,《法义》906a-c,见《柏拉图〈法义〉研究、翻译和笺注》,林志猛译,上海:华东师范大学出版社,2019,第二卷,页223)

凡审判他人者都务必小心,应尽力避免自愿或不自愿地带来虚假的惩罚。因为据说,也的确有人说过,正义女神是敬畏女神的童贞女儿,而敬畏和正义依据自然憎恨虚假。因此,每个人都务必当心,不要在其他审判事务上弹错调。(柏拉图,《法义》943d-e,见《柏拉图〈法义〉研究、翻译和笺注》,林志猛译,上海:华东师范大学出版社,2019,第二卷,页248)

既然违法的人不公正,而守法的人公正,当然一切合法的事情在某种意义上都是公正的。因为合法是由立法者规定,所以我们应该说每一规定都是公正的。所以,法律是以合于德性以及其他类似方式表现了全体的共同利益,或者只是统治者的利益。所以,我们从一个方面说,公正就是给予和维护幸福,或者是政治共同体福利的组成部分。(亚里士多德,《尼各马可伦理学》1129b,苗力田译,见《亚里士多德全集》,北京:中国人民大学出版社,2016,第八卷,页95—96)

公正常常被看做德性之首,"比星辰更让人崇敬"。还有谚语说,"公正是一切德性的总括"。公正最为完全,因为它是交往行为上的总体的德性。它是完全的,因为具有公正德性的人不仅能对他自身运用其德性,而且还能对邻人运用其德性。许多人能够对自己运用其德性,但是对邻人的行为却没有德性。……正是由于公正是相关于他人的德性这一原因,有人就说惟有公正才是"对他人的善"。因为,公正所促进的是另一个人的利益,不论那个人是一个治理者还是一个合伙者。既然最坏的人是不仅自己的行为恶,而且对朋友的行为也恶的人,最好的人就是不仅自己的行为有德性,而且对他人的行为也有德性的人。因为对他人的行为有德性是很难的。……作为相对于他人的品质,它是公正;作为一种品质本身,它是德性。(亚里士多德,《尼各马可伦理学》1129b25—1130a13,廖申白译,北京:商务印书馆,2003,页130—131)

具体的公正及其相应的行为有两类。一类是表现于荣誉、钱物或其他可析分的共同财富的分配上(这些东西一个人可能分到同等的或不同等的一份)的公正。另一类则是在私人交易中起矫正作用的公正。(亚里士多德,《尼各马可伦理学》1130b—1131a,廖申白译,北京:商务印书馆,2003,页134)

既然平等的事是一种适度,公正的事也就是一种适度。然而平等又至少是两个东西之间的平等。所以,公正必定是适度的、平等的(并且与某些事物相关的)。作为适度,它涉及两个极端(过多与过少);作为平等,它涉及两份事物;作为公正,它涉及某些特定的人。……分配的公正在于成比例,不公正则在于违反比例。不公正或者是过多,或者是过少。这样的情况常常会发生:对于好东西,总是不公正的人所占的过多,受到不公正的对待的人所占的过少。在坏的东西方面则正好反过来。因为要是在两恶之中挑选,小恶就比大恶好些。当然恶总不如善可取,而善是越大就越可取。(亚里士多德,《尼各马可伦理学》1131a-b,廖申白译,北京:商务印书馆,2003,页134-136)

公正处于做不公正的事情和受不公正的待遇之间。一方面所有的过多,另一方面是所有的过少,公正则是一种中庸之道。而不公正则是两个极端。公正还是一个公正的人在公正地选择中所遵循的一种行为原则。(亚里士多德,《尼各马可伦理学》1133b,苗力田译,见《亚里士多德全集》,北京:中国人民大学出版社,2016,第八卷,页106)

政治的公正是自足地共同生活、通过比例达到平等或在数量上平等的人们之间的公正。在不自足的以及在比例上、数量上都不平等的人们之间,不存在政治的公正,而只存在着某种类比意义上的公正。公正只存在于其相互关系可由法律来调节的人们之间。而法律的存在就意味着不公正的存在,因为法律的运作就是以对公正与不公正的区分为基础的。……一个治理者是公正的护卫者。他既然是公正的护卫者,也就是平等的护卫者。一个治理者,如果被认为是公正的，就并没有得到多少好处（因为他不让自己在好处上得的过多，而只取相称于他所配得的那一份。他是在为他人的利益工作。因此人们说，如已经说过的，公正是为着别人的善的）。所以，对治理者必须以荣誉和尊严来回报。（亚里士多德，《尼各马可伦理学》1134a-b，廖申白译，北京：商务印书馆，2003，页147-148）

政治的公正有些是自然的，有些是约定的。自然的公正对任何人都有效力，不论人们承认或不承认。约定的公正最初是这样定还是那样定并不重要，但一旦定下了，……就变得十分重要了。（亚里士多德，《尼各马可伦理学》1134b，廖申白译，北京：商务印书馆，2003，页149）

和其他动物比较起来，人的独特之处就在于，他具有善与恶、公正与不公正以及诸如此类的感觉。……城邦作为自然的产物，并且先于个人，其证据就在于，当个人被隔离开时，他就不再是自足的；就像部分之于整体一样。不能在社会中生存的东西或因为自足而无此需要的东西，就不是城邦的一个部分，它要么是只禽兽，要么是个神，人类天生就注入了社会本能，最先缔造城邦的人乃是给人们最大恩泽的人。人一旦趋于完善就是最优良的动物，而一旦脱离了法律和公正就会堕落成最恶劣的动物。不公正被武装起来就会造成更大的危险，人一出生便装备有武器，这就是智能和德性，人们为达到最邪恶的目的有可能使用这些武器。所以，一旦他毫无德性，那么他就会成为最邪恶残暴的动物，就会充满无尽的淫欲和贪婪。公正是为政的准绳，因为实施公正可以确定是非曲直，而这就是一个政治共同体秩序的基础。（亚里士多德，《政治学》1253a，

颜一、秦典华译，见苗力田编，《亚里士多德全集》，北京：中国人民大学出版社，2016，第九卷，页6-7）

所有人都持有某种公正观念，然而他们全都中止于某一地方，并且未能完整地阐明公正一词的主要含义。例如，公正被认为是，而且事实上也是平等，但并非是对所有人而言，而是对于彼此平等的人而言；不平等被认为是，而且事实上也是公正的，不过也不是对所有人而是对彼此不平等的人而言。（亚里士多德，《政治学》1280a，颜一、秦典华译，见苗力田编，《亚里士多德全集》，北京：中国人民大学出版社，2016，第九卷，页89）

一切科学和技术都以善为目的，所有之中最主要的科学尤其如此，政治学即是最主要的科学，政治上的善即是公正，也就是全体公民的共同利益。（亚里士多德，《政治学》1282b，颜一、秦典华译，见苗力田编，《亚里士多德全集》，北京：中国人民大学出版社，2016，第九卷，页97-98）

公正即是共同生活中的德性，凡具备这种德性，其他的所有德性就会随之而来。（亚里士多德，《政治学》1283a，颜一、秦典华译，见苗力田编，《亚里士多德全集》，北京：中国人民大学出版社，2016，第九卷，页100）

平民主义者说，为多数人所认可的东西就是公正，而寡头主义者说，为多数有钱人所认可的东西才是公正，他们说应该根据财产的数目来作决定。然而，两种情况下都有不平等和不公正，因为假如公正是少数人的意愿，就会出现暴君。……可是假如公正是以数目取胜的多数人的意愿，他们就会行使不公正，没收少数富人的财产。（亚里士多德，《政治学》1318a，颜一、秦典华译，见苗力田编，《亚里士多德全集》，北京：中国人民大学出版社，2016，第九卷，页215）

所有演说者无论是赞扬或谴责、劝说或劝阻、控告或辩护，都不仅要努力证明其所说，而且要试图指明这些好或坏、高尚或丑恶、公正或不公正的事情是重大还是微末，无论是就其自身而言还是与别的事物相参照；那么，很明显，我们必须掌握有关重大与微末以及更重大和更微末的命题，无论是普遍的还是个别的；例如，什么是更大或更小的善，什么是更公正或更不公正的行为，可以以此类推其他的事情。（亚里士多德，《修辞术》1359a，颜一译，见苗力田编，《亚里士多德全集》，北京：中国人民大学出版社2016年，第九卷，页348）

德性的组成部分是公正、勇敢、节制、大方、大度、慷慨、和蔼、明智以及智慧。最高的德性必然是对其他人最有用处的德性，倘若德性是带来好处的能力的话。由于这一点，公正和勇敢最受人们尊崇，因为一者在战争期间一者在和平期间对别人有用。……公正是这样一种德性，每个人通过它拥有自己合法的份额，不公正则在于不合法地侵占他人的份额。（亚里士多德，《修辞术》1366b，颜一译，见苗力田编，《亚里士多德全集》，北京：中国人民大学出版社，2016，第九卷，页372）

公正和不公正肯定是相对法律和人而言，其中有两种方式。我所说的法律,一是特殊的法律,一是共同的法律。特殊的法律是指各个民族为自己制定的法律,又可以分为成文法与不成文法;共同的法律指的是依据自然本性的法律。存在着所有人都能猜出几分的共同律则,以此可以分为本性上公正或不公正的行为,即使在毫无共同之处、彼此不相熟悉的那些人之间。(亚里士多德,《修辞术》1373b,颜一译,见苗力田编,《亚里士多德全集》,北京:中国人民大学出版社,2016,第九卷,页394)

歌唱时音乐家们称之为和谐的东西,在国家中称之为和睦,这是每个国家的一种最紧密、最牢固的安全纽带,并且如果没有正义,这种和睦便怎么也不可能存在。……没有什么东西会比非正义更有害于国家,没有高度的正义便不可能管理国家,或者说维护国家。(西塞罗,《论共和国》,王焕生译,上海:上海人民出版社,2006,页203)

大部分哲学家,特别是柏拉图和亚里士多德,对正义作过许多论述。他们为正义辩护,对这一德性进行高度赞扬,因为它把自己所有献给每一个人,使所有的人之间保持平等。同时,当其他美德好像是沉默不语、隐而不露的时候,只有正义是这样一种美德,它不是那样封闭,那样隐蔽,而是全然外露,好行善事,使自己尽可能有益。正义好像只应该属于法官和拥有某种权力的人,而不是属于所有的人。事实上,没有一个人,即使是最卑微、最贫穷的人,也不可能不感受到正义。但是因为他们不知道正义究竟是什么,从何而来,有什么作用,因而他们把这一最高的美德,即所有人的公共的善,归于少数人,宣称正义并不寻求自己的任何好处,而只是如此努力地为他人争取利益。卡尔涅阿得斯，一个才华横溢、机敏过人的人，反对他们的观点，否定正义，既然它不具有可靠的基础，他这样做并不是因为他认为正义应该受指责，而是为了表明那些正义维护者们没有能就正义提出任何可靠的、不可动摇的论点。（西塞罗，《论共和国》，王焕生译，上海：上海人民出版社，2006，页221-223）

（卡尔涅阿得斯说）没有人能不冒生命危险做一个正义之人。他说，这里的正义当然指不杀人，不侵占他人财物。一个正义之人如果不巧碰上难船，一个体力弱于他的人抓住一块木板，这时他该怎么办？难道他不会把那人从木板上推开，自己爬上木板，借以支撑自己，让自己获救，特别是在开阔的海面上没有任何证人的时候？如果他是明智的，他会这样做，因为如果他不这样做，他自己便会死亡；但如果他宁愿自己死去，也不想对他人施暴，那么他无疑是一个正义之人，但却是个愚蠢的人，他吝惜他人的生命时，却不吝惜自己的生命。同样，如果敌人冲破阵，展开追歼，那位正义之人遇见一个伤者骑在马上，那么他是怜悯那个伤者，让自己被杀，还是把那个伤者从马上拉下来，让自己逃脱？如果他这样做，那他无疑是个明智的人，但同时是个恶毒的人；如果他不这样做，那么他无疑是一个正义之人，但同时却是一个愚蠢的人。就这样，当卡尔涅阿得斯把正义分成两部分，称其中一部分为公民性的，称另一部分为自然性的时候，他把这两部分都糟蹋了，因为公民性的那一部分是一种明智，但是是非正义，而自然性的那一部分是一种正义，但却不明智。他的这些论述机敏而恶毒。（西塞罗，《论共和国》，王焕生译，上海：上海人民出版社，2006，页247-249）

正义既不要求任何报酬,也不要求任何赏金,从而是为其自身而追求。这就是一切德性的根源和含义。(西塞罗,《论法律》,王焕生译,上海:上海人民出版社,2006,页65)

罗马的赞美者应该看看,就是在他们那些古代人和古代道德的时候,是否活跃着真正的正义;也许那时候并没有活生生的道德,而只是一幅多彩的图画。……从来就没有共和,因为从来没有真正的正义。如果按照不那么严格的定义来判定,当然存在某种共和,比如古代的罗马比后来的罗马治理得好些;但是真正的正义只存在于基督建立和统治的那个共和,如果人们可以把这叫做共和的话。我们不能否认,那是真正的人民之事。这个名字在别的地方和场合很通用了,但是好像和我们的一般说法有些距离,但毕竟,在那个城里当然有真正的正义,就像神圣的经上所说的"上帝之城啊,有荣耀的事乃指着你说的"。(奥古斯丁,《上帝之城》,吴飞译,上海:上海三联书店,2007,上册,页74)

正义是上帝给人的,因为上帝是唯一正义和使人正义的。他们"想要立自己的义",就是自己为自己产生的义,而不是上帝给的义,"就不服神的义了"。因为他们的高傲,他们认为通过自己,而不必通过上帝,他们就能取悦上帝。而上帝是知识的主,是良知的见证者,能看到人的意念,如果人的意念不从他来,只从人来,就是虚妄的。(奥古斯丁,《上帝之城》,吴飞译,上海:上海三联书店,2007,下册,页8)

在没有真正的正义的地方，不会有"权利"（ius）。因为，"权利"就是正义地做的事；不正义地做的事，不会是"权利"。人类的邪恶制度，不能说成或认为是权利，但是，就是人们自己也说，这权利来自正义的源泉。（奥古斯丁，《上帝之城》，吴飞译，上海：上海三联书店，2007，下册，页 157）

个别的正义是关于私人或个人的；个人之于公共团体，犹如部分之于全体。可是，关于一个部分，可以注意两种秩序。第一种秩序是一个部分对另一个部分的，与这相似的，就是私人对私人的。交换的正义指导这一秩序，因为交换正义在于处理两个人彼此之间的事物。第二种秩序是全体对各部分的；与这相似的，就是公共团体对每一个个人的秩序。分配的正义则指导这一秩序，因为是分配的正义把公共的财物做比例的分配。所以，有两种正义，分别是：交换的正义与分配的正义。（阿奎那，《神学大全》II. 2. 64. 1，周克勤等译，台南：碧岳学社，2008，第九册，页 169-170）

法律是人的行为的一种原则，因为它是行为的规则和标准。那么，如果理性是人的行为的一个原则，理性本身之中即存在着关于其他一切事物的原则。因此，法律必定主要地涉及这一原则。实践事物的首要原则是实践理性的对象，它来自最终目的：如我们已经表明的，人生的最终目的是幸福或者至福。因此，法律一定首要地承载着至福的安排。而且，由于正如不完善注定趋向完善，部分注定要归于整体，又由于个人是完善共同体的一部分，所以，法律必然正当地使自身与通向普遍幸福的安排相关。（阿奎

那,《神学大全》II. 2. 90. 2,杨天江译,《论法律》,北京:商务印书馆,2018,页5-6)

正义与不义这两个名称用于人的方面时所表示的是一回事,用于行为方面时所表示的是另一回事。用于人时,所表示的是他的品行是否合乎理性;而用于行为时,所表示的则不是品行或生活方式,而是某些具体行为是否合乎理性。因此,义士便是尽最大可能注意,使他的行为完全合乎正义的人;不义之徒则是不顾正义的人。在我们的语言中,把这两种人称为有正义感与无正义感,比之称为正义与不义更为常见,只是意义并没有两样。因此,义士便不会由于一两次因感情冲动或是弄错了人或事所做出的不义行为而失去义士的称号;一个不义之徒也不会由于出自畏惧而做出或不做的行为而失去不义的品质,因为他的意志不是根据正义而是根据他所要做的事情的明显利益形成的。使人们的行为具有正义色彩的是一种罕见的高贵品质或侠义的勇敢精神,在这种精神下,人们耻于让人看到自己为了生活的满足而进行欺诈或背信。这种品行上的正义就是以正义为德、以不义为恶的地方所指的那种正义。

……

著作家们把行为的正义分成两种,一种是交换的,另一种是分配的。他们说前者成算术比例,而后者则成几何比例。因此,他们便认为交换的正义在于立约的东西价值相等,而分配的正义则在于对条件相等的人分配相等的利益。……上述区别在一般通行的意义下便是不正确的。正确地说,交换的正义是立约者的正义,也就是在买卖、雇佣、借贷、交换、物物交易以及其他契约行为中履行契约。分配的正义则是公断人的正义,也就是确定"什么合乎正义"

的行为。（霍布斯，《利维坦》，黎思复、黎廷弼译，北京：商务印书馆，2009，页114-115；另参《论公民》3.5）

如果一个人尽全力去保护他的身体和生命免遭死亡，这既不是荒诞不经的，也不应受指责，也不是与正确的理性（right reason）相悖的。可以说，不与正确的理性相悖，就是按照正义和权利（Right）去行事的。"权利"这个词确切的含义是每个人都有按照正确的理性去运用他的自然能力的自由。因此，自然权利的首要基础就是：每个人都尽其可能地保护他的生命。（霍布斯，《论公民》，应星、冯克利译，贵阳：贵州人民出版社，2003，页7-8。）

只有给出了命令，才存在着正义和不义。因此正义和不义的自然是与命令相关的，而行为就其自身的自然而言则是无关紧要的。什么是正义和不义的问题源自统治者的权力。合法的君主因此可以通过发命令而使他们所命令的事成为正义的，通过发禁令而使他们禁止的事成为不义的。（霍布斯，《论公民》，应星、冯克利译，贵阳：贵州人民出版社，2003，页121）

如果自我利益是自然法的基础，那么全部正义（因为没有每个人的无可争议的所有权就没有正义）、友谊、慷慨将被废除。（洛克，《自然法论文集》，刘时工译，上海：上海三联书店，2015，页112-113）

如果平等和正义都不过是效用，那为什么要信守诺言呢？靠什么来保卫社会呢？人与人的共同生活是什么？如果每个人不但可以而且必须费尽心机攫取他人据守之物，人与人的交往除了欺骗、暴力、仇恨、窃夺、谋杀等等此类的东西,还能有什么呢?(洛克,《自然法论文集》,刘时工译,上海:上海三联书店,2015,页162-163)

公正以及理智所有的训诫,包括爱人在内,其得到法律与命令的力量,完全是通过统治之权,那就是说完全有赖于有统治权的人的命令。(斯宾诺莎,《神学政治论》,温锡增译,北京:商务印书馆,1963,页260)

在自然状态下,即无所谓公正或不公正,唯有在社会状态下,经过公共的承认,确定了何者属于这人,何者属于那人,才有所谓公正或不公正的观念。由此足见,公正与不公正,功与罪皆是外在的概念,而不是表明心灵的性质的属性。(斯宾诺莎,《伦理学》,贺麟译,北京:商务印书馆,1998,页200-201)

犹如严格意义上的罪恶与服从问题一样,如果不是在国家里面,公正与不公正问题也是不可设想的。其实,在自然中没有什么东西可以说是属于这个人的权利而不属于那个人的权利;一切东西属于一切人,也就是说,属于有力量将该物占为己有的人。反之,在国家里面,每个人的财产是按照共同的法律确定的。如果一个人具有恒常的意志,把每个人自己的东西归于每个人,他就被称为公正的;如果企图将他人的东西占为己有,他就被称为不公正的。(斯宾诺莎,《政治论》,冯炳昆译,北京:商务印书馆,1999,页22)

每个公民并非处于自己的权利之下,而是处于国家的权利之下，负有执行国家一切指令的义务；而且，每个公民没有权利决定何者为公正，何者为不公正，何者为道德，何者为不道德。反之，既然国家的实体必须宛若在一个头脑指挥之下，结果，国家的意志被当作全体公民的意志，而国家确定为公正与善良的东西，应当被视为就如每个公民都是这样确定的一样。所以，即使国民认为国家的法令是不公正的，他也有加以贯彻执行的义务。（斯宾诺莎，《政治论》，冯炳昆译，北京：商务印书馆，1999，页 26）

"正义"（justice）有时是行为的一种属性，有时是人的一种属性。当正义被归于人时，它常常是指有意将各人的东西给予各人的一贯的、持续的意志。正义的人是指乐于做正义之事或追求正义或尽全力做正义之事的人。与此相反，不将各人的东西给予各人的人，或者不是将义务而是将自己的眼前利益作为行为标准的人，就是不正义的人，因此，正义之人的有些行为可能是不正义，反之亦然。对正义的人来说，行正义之事是因为法律命令的存在，行不正义之事则仅是因为人性的软弱；而不正义的人行正义之事则是因为法律惩罚的存在，行不正义之事则是因为内心的邪恶。

作为行为的一种属性的正义是指针对他人之行为的适当性。在有意或明知的情况下针对应当承受该行为的人所做出的行为就是正义的行为。所以，正义的行为和善的行为之间的最大区别就是善仅指行为与法律相符合，而正义还涉及与行为对象的关系。这也是人们为什么称正义是涉及他人的一种德行的原因。

关于正义的分类，人们意见并不一致。最为人接受的是将正义分为普遍正义和特殊正义，普遍正义是指履行所有类型的对他人的义务，即使这些义务不能强制执行或向法庭起诉。特殊正义是指为他人依权利要求的特定的行为，它又可以分为分配正义和交换正义。分配正义依赖于社会和其成员就损益分摊比例达成的契约；相反，交换正义则依赖于双边合同，该类合同主要和商业事务、商业行为有关。（普芬道夫，《人和公民的自然法义务》，鞠成伟译，北京：商务印书馆，2009，页77）

我们可以像在数学中一样无可争辩地判断正义和不正义。例如这一命题，凡是没有所有权的地方就不会有不正义，是和欧几里得的书中的任何推证一样确定可靠的；因为所有权是对某种物的权利，而不正义就是对一种权利的触犯。（莱布尼茨，《人类理智新论》，陈修斋译，北京：商务印书馆，1982，页441）

正义不外乎是智者的实践的人类之爱，也就是说一种以明智为中介的，面对他人的仁慈。……正义也包含为他人行善这个积极的诫命。……正义可以按照不同的方式来考察。如果人们将它同慈悲对立起来，它便仅指严格的法权。如果人们将它与施行正义者的智慧对立起来，它就符合于普通的福利。（莱布尼茨，《关于正义概念的思想》，舒远招译，见邓安庆编，《自然法与现代正义——以莱布尼茨为中心的探讨》，上海：上海教育出版社，2017，页9）

一旦我们通过证明确信上帝的慈善与正义，我们便不再理会我们在他的国度的这个狭小的、我们目光所及的部分所察觉到的冷酷和不正义的表象了。到此为止，我们已经为自然之光和恩宠之光所照亮，但还没有享受到上天荣光。在此尘世上，我们看见的是表面上的不正义，甚至相信和知道关于隐蔽的上帝正义的真理，但是，只有当正义的太阳显现出它的本来面貌时我们方才会看到上帝的正义。（莱布尼茨，《神义论》，朱雁冰译，北京：读书·生活·新知三联书店，2007，页97）

正义这个词包含在尊重可尊重者、感激给自己恩德者、履行已缔结的契约规定等词语以及其他一些道德命题中。所以，人们有理由说，自然法则的规定是以这些规定所要求行事者之品德和正义为前提的，人有义务去遵守它，哪怕上帝并未屈尊作出这类的规定。（莱布尼茨，《神义论》，朱雁冰译，北京：读书·生活·新知三联书店，2007，页263）

一般的正义可以分为狭义上的正义和神圣。狭义上的正义关涉的是形体的善与恶即理性创造物的善与恶，神圣则关涉着道德的善与恶。（莱布尼茨，《为上帝的事业辩护》，朱雁冰译，见《神义论》，北京：读书·生活·新知三联书店，2007，页458）

正义和非正义的感觉不是由自然得来的，而是人为的（虽然是必然的）由教育和人类的协议发生的。……为了避免得罪人起见，我在这里必须声明：当我否认正义是自然的德时，所用"自然"的一词，是与"人为的"一词对立的。在这个词的另一个意义下来说，人类心灵中任何原则既然没有比道德感更为"自然的"，所以也没有一种德比正义更为"自然的"。……正义的规则虽然是"人为的"，但并不是"任意的"。（休谟，《人性论》，关文运译，北

京：商务印书馆，1980，页523-524）

正义是对社会有用的，因而至少其价值的这个部分必定起源于这种考虑，要证明这一命题将是一件多余的事情。公共的效用是正义的惟一起源，对这一德性的有益后果的反思是其价值的惟一基础。（休谟，《道德原则研究》，曾晓平译，北京：商务印书馆，2001，页35）

只要把自爱之心扩大到爱别人，我们就可以把自爱变为美德，这种美德，在任何一个人的心中都是可以找得到它的根柢的。我们所关心的对象同我们愈是没有直接的关系，则我们愈不害怕受个人利益的迷惑；我们愈是使这种利益普及于别人，它就愈是公正；所以，爱人类，在我们看来就是爱正义。（卢梭，《爱弥儿》，李平沤译，北京：商务印书馆，1978，页356）

一个人对于另一个人的行为的真正标准是正义。正义这个原则本身要求产生最大限度的快乐或幸福。正义要求我站在公正的旁观者的立场来看待人间关系，而不对自己的偏爱有所留恋。正义是一个最具有普遍性的原则，它在一切可能影响人类幸福的事情上都规定出一种明确的行动方式。
……在同每一个人的幸福有关的事情上，公平地对待他，衡量这种对待的唯一标准是考虑受者的特性和施者的能力。所以，正义的原则，引用一句名言来说，就是："一视同仁。"（葛德文，《政治正义论》，何慕李译，北京：商务印书馆，1980，页11-12、84-85）

法权状态是人们相互之间的一种关系，这种关系包含着一些条件，惟有在这些条件下，每个人才能分享他自己的法权，而这种状态的可能性的形式原则，按照一个普遍立法的意志的理念，就是公共的正义，它可以要么与根据法律占有对象（作为任性的质料）的可能性相关，要么与其现实性相关，要么与其必然性相关而被划分为保护的正义（iustitia tutatrix）、交换的正义（iustitia commutativa）和分配的正义（iustitia distributiva）。法律在这里首先只是说明，什么样的行为内在地在形式上就是正确的（lex iusti［正当的法则］）；其次，什么作为质料还外在地是能够合法的，亦即其占有状况是有法权的（lex iuridica［判决的法则］）；再次，什么以及在一个法庭上关于什么的判决在已有法律下的一个特殊案例中是正当的（lex iustitiae［正义的法则］），在这里，人们也把那个法庭本身称为一个国家的正义，而且可以把是否存在这样一种正义当做所有法权事务中最重要的事务来探询。（康德，《道德形而上学》，张荣、李秋零译，见李秋零主编，《康德著作集》，北京：中国人民大学出版社，2007，第6卷，页318）

如果正义消失了，人活在尘世上就不再有任何价值了。……如果正义为某种价格出卖自己，那正义就不再是正义了。（康德，《道德形而上学》，张荣、李秋零译，见李秋零主编，《康德著作集》，北京：中国人民大学出版社，2007，第6卷，页343）

要只按照你同时够愿意它成为一个普遍法则的那个准则去行动。……要这样行动，就好像你的行为的准则应当通过你的意志成为普遍的自然法则似的。……你要如此行动,即无论是你的人格中的人性,还是其他任何一个人的人格中的人性,你在任何时候都同时当做目的,绝不仅仅当做手段来使用。(康德,《道德形而上学的奠基》,李秋零译,见李秋零主编,《康德著作集》,北京:中国人民大学出版社,2005,第4卷,页428、429、437)

法和正义必须在自由和意志中有其位置,而不是在恐吓所转向的不自由中。如果以此方式寻求刑罚的基础,就好像对着狗举起杖来,人不是按照他的尊严和自由而是像狗一样受对待。恐吓固然在根本上会激发人们,以证明他们的自由对抗恐吓,但毕竟把正义完全摔在一边。(黑格尔,《法哲学原理》,邓安庆译,北京:人民出版社,2017,页180-181)

使罪犯遭受侵害,不仅自在地是正义的,因为这种侵害同时是他自在存在着的意志,是他的自由的定在,是他的法,而且也是加之于犯人自身的法,也就是说,是在他的定在着的意志中、在他的行为中立定的法。因为在他的行为,即作为具有理性的人的行为中内在地包含了:它是某种普遍物,通过这种行为就为犯人确立起一条法律,这是他在行为中自为地承认的,因此他应该从属于它,像从属于自己的法一样。(黑格尔,《法哲学原理》,邓安庆译,北京:人民出版社,2017,页181)

正义和德行、不法、暴力和罪恶、才能及其成就、大大小小的激情、罪责与无辜、个体生活和民族生活的辉煌、国家和单个人的独立、幸与不幸,所有这些都在所意识到的现实性领域中有其特定的意义和价值,并在其中找到它们的判断和正义,虽然只是不完善的正义。世界历史则发生在这些观点之外;在它之中包含着世界精神之理念的那个必然环节,即当下就是它的阶段,具有它的绝对权利,有活力的民族生活在这个环节中,则能顺利实施其行动,获得幸运和荣誉。(黑格尔,《法哲学原理》,邓安庆译,北京:人民出版社,2017,页474-475)

公正既不是一个陌生的、立足于彼岸世界的本质,也不是尔虞我诈、背信弃义、忘恩负义之类有损于现实性尊严的东西,因为这些东西遵循的是一种缺乏思想的偶然性,而且它们作为一种未经概念把握的联系和一种不自觉的行动或不行动,擅自作出了一个判决。真正说来,公正是指人的正当性的公正,它把那个脱离了平衡的自为存在,把那些独立的阶层和个体重新带回到普遍者之内,就此而言,它是一个民族的政府,不但是普遍本质的一个当前存在着的个体性,而且是全体人民的一个自立的、具有自我意识的意志。——公正使那个统治着个人的普遍者重新获得平衡,就此而言,它同样也是那些遭受不公正待遇的人的一个单纯的精神。也就是说,公正并没有分裂为一个遭受不公正待遇的人和一个位于彼岸世界的本质。……个人在伦理王国里有可能遭受不公正待遇,但这种不公正仅仅是某种纯粹碰巧发生在他身上的东西。那个把不公正施加在意识身上,使之成为一个纯粹的物的势力,是自然界。不公正作为一个普遍性并不是来源于共同体,毋宁说,不公正是存在的一个抽象的普遍性。个人在消除他所遭受的不公正待遇时,并不是反对共同体(因为共同体并没有让他遭受不公正待遇),而是反对存在。(黑格尔,《精神现象学》,先刚译,北京:人民出版社,2013,页282-283)

苏格拉底的命运是一部最卓绝的悲剧的命运,他在法庭上被当众谴责,他的死被看作最大的不公,因为他完满地履行了他对家乡的义务,给他的民众开启了一个内在世界。他独立地论证了思想的权利;但从另一方面来讲,雅典民众也是完全有道理的,他们必定已经深刻地意识到,这样一个包含正确内容的原则会削弱城邦法律的声誉,会摧毁雅典城邦。就是说,苏格拉底的学说是完全正确地作为一场最高的革命出现在民众面前的,所以,民众诅咒他死,苏格拉底的死是最高的公正。(黑格尔,《世界史哲学讲演录》,刘立群等译,北京:商务印书馆,2015,页326)

正义是社会制度的首要德性,正像真理是思想体系的首要德性一样。(罗尔斯,《正义论》,何怀宏等译,北京:中国社会科学出版社,2009,页3)

(正义的两个原则)
第一个原则:每个人对与其他人所拥有的最广泛的平等基本自由体系相容的类似自由体系都应有一种平等的权利。
第二个原则:社会和经济的不平等应这样安排,使它们(1)被合理地期望适合于每一个人的利益;并且(2)依系于地位和职务向所有人开放。(罗尔斯,《正义论》,何怀宏等译,北京:中国社会科学出版社,2009,页47)

我们应该注意到,当代道德哲学家最近提出的两种以规则来表明的正义概念不可能对我们有任何帮助。约翰·罗尔斯主张"社会和经济的不平等应该这样调整,以便使最少受益者得到最大利益"……而罗伯特·诺齐克则断言"如果一个人根据获得和转让方面的正义原则有权得到他的财产,那么这个人的财产就是正义的……"(麦金泰尔,《追寻美德》,宋继杰译,南京:译林出版社,2011,页193)

附　录

正义的内在性
——评哈夫洛克《希腊人的正义观》*

哈夫洛克的《希腊人的正义观》①看起来题目很大，不明就里的读者会以为它是整个古希腊的正义史论，研究正义观念的发生、发展、成熟、含义转变和终结，但实际上该书一大半篇幅都在讨论荷马史诗。其正标题"希腊人的正义观"和副标题"从荷马史诗中正义的影迹到柏拉图中正义的实质"(from its shadow in Homer to its substance in Plato)，似乎都有些名不副实：难道作者仅仅讨论了古希腊正义的"影子"(shadow)？

尤为让人惊讶的是，该书没有专章讨论亚里士多德，全书仅有六次作为背景顺便提到这位"古希腊"的大师（难道亚里士多德不算"希腊人"？）。众所周知，亚里士多德的《尼各马可伦理学》大量讨论"正义"，但《希腊人的正义观》却一次都没有引用或提及这部重要的正义论著作。全书正文结尾有一小段话总结"柏拉图之后的诗学"，作者认为亚里士多德在希腊诗歌评判方面可能不如柏拉图，

---

* 本文原名《古典的态度与学问的取舍》，是为《希腊人的正义观》（北京：华夏出版社，2016）撰写的"中译本说明"，后刊于刘小枫编，《古典研究》2015年第6期。

① Eric Havelock, *The Greek Concept of Justice: From its Shadow in Homer to its Substance in Plato*, Cambridge: Harvard University Press, 1978.

因而他对乃师的批评很不公正（页 334，按：此处为原书页码，下同）。西方有不少学者说亚里士多德故意曲解前人，甚至"无中生有"解释老师的著作。[1] 当我们听到其他人这样的评语，"亚里士多德无疑是西方最伟大的哲人之一，还曾在柏拉图身边生活达二十年之久，然而我们却看到，他常常异常激烈地反驳柏拉图，但往往又完全没有理解柏拉图"，[2] 我们对此不知道应该表示惊讶，还是感到气愤，甚或只有对此后思想发展的悲悯。

哈夫洛克故意忽视亚里士多德，也许并不能说明什么问题：既然几乎所有的篇幅都给了前苏格拉底时期的思想家及其作品（尤其荷马史诗），那么柏拉图和亚里士多德当然就无法过多涉及——专门讨论柏拉图正义观的篇幅还不及埃斯库罗斯（可能是因为哈夫洛克翻译和评注过他的作品）。哈夫洛克以柏拉图诗学为研究对象的专著《柏拉图序论》（*Preface to Plato*），同样花了很多篇幅讨论荷马史诗和赫西俄德，也同样很少谈到那位写过《论诗术》的作者亚里士多德！

这样的情形也许是因为哈夫洛克在学术上喜欢另辟蹊径以挑战传统，往往故作惊人之语，但效果总不大好——

---

[1] W. D. Ross, *Aristotle's Metaphysics: A Revised Text with Introduction and Commentary*, Oxford: Clarendon Press, 1924, pp. 132, 137, 171. W. K. C. Guthrie, *A History of Greek Philosophy*, Cambridge: Cambridge University Press, 1962, v. 1, p. 75. A. E. Taylor, *Aristotle on His Predecessors*, Chicago: The Open Court Publishing Co., 1907, pp. 36, 37, 41. H. Cherniss, *Aristotle's Criticism of Presocratic Philosophy*, Baltimore: The Johns Hopkins University, 1935, p. 347.

[2] 克吕格，见《〈王制〉要义》，张映伟译，北京：华夏出版社，2006，页 4。

强调口头传播理论的多伦多学派影响不小,[①] 也误导了不少后生。《希腊人的正义观》大量使用"口传"及其相关词,因为他的理论资源就是口传学者诗学理论的创始人帕里(Milman Parry),他称之为"口传风格的杰出学者"(the scholar par excellence of oral style,页15,另参107)。哈夫洛克另外还写过一本讨论口传与书写关系的书。[②] 这都是多伦多传播学派理论上的共同爱好。

哈夫洛克的著作,尤其《希腊政治的自由气息》,[③] 遭到过施特劳斯(Leo Strauss)详尽而深刻的痛批,被评价为"不是一般的糟糕"。施特劳斯因其"堕落的自由主义"而表示绝不宽容,并上升为这样的普遍评价:"学术本是文明社会用于防御野蛮的壁垒,却更经常成为回归野蛮时代的工具。"[④] 哈夫洛克在去世两周前的1988年3月16日,也就是施特劳斯去世十五年以及上述批驳文章问世近三十年后,发表了自己最后一次公开演讲"柏拉图的政治学与美国宪法",专门批评施特劳斯及其门徒(尤其布鲁姆)对柏拉图的阐释,并力挺波普尔的解读。在哈夫洛克看来,

---

[①] 梁颐,《贡献于媒介环境学基本问题成形的古典学家——多伦多学派代表人物埃里克·哈弗洛克评介》,见《新闻世界》,2013年第9期。

[②] E. Havelock, *The Muse Learns to Write: Reflections on Orality and Literacy from Antiquity to the Present*, New Haven: Yale University Press, 1988.

[③] E. Havelock, *The Liberal Temper in Greek Politics*, New Haven: Yale University Press, 1957.

[④] 施特劳斯,《古今自由主义》,马志娟译,南京:江苏人民出版社,2010,页72。格思里(W. K. C. Guthrie)也认可施特劳斯的看法,见克雷,《一种被遗忘的阅读》,陈开华译,见刘小枫、陈少明编,《古典传统与自由教育》,北京:华夏出版社,2005,页53。

施特劳斯学派的方法不能把我们带回到柏拉图那里。①

施特劳斯及其弟子和再传弟子的方法当然能够带领我们进入古典思想的深处。同样，如果正确对待的话，哈夫洛克也能够把我们带回到那个他颇为熟悉的年代，毕竟这位古典学家在古希腊思想的研究中下过很深的功夫，在加拿大和美国一些著名大学的古典学系教书，担任杰出讲座教授。他与施特劳斯学派的恩怨不是我们关心的问题，我们也无意于参与施特劳斯学派在美国曾经引起的激烈论战，我们去西方学者那里"留学"的目的不是看热闹，更不是充当哪一派的雇佣军。我们的目的是学成归国，解决自己的问题，因此，只要有教于我，统统拿来。更何况良性的学术争论本身就是思想生产的有效机制，这种再正常不过的现象自然不值得深入纠缠。

我们既没有必要把哈夫洛克捧得太高，把他与莱维纳斯、德里达相提并论，甚至还把他与尼采和海德格尔联系起来讨论，认为哈夫洛克在解读柏拉图著作尤其《斐德若》和《王制》（又译《理想国》）方面有启迪之功（enlighten）；② 我们也没有必要彻底否认哈夫洛克的颇有学术价值的工作，尽管哈夫洛克这本《希腊人的正义观》试图以语言学（linguistics）而不是"语文学"（philology）的方法来

---

① E. Havelock, Plato's Politics and the American Constitution, In *Harvard Studies in Classical Philology*, Vol. 93 (1990), p. 24.

② Seán Burke, *The Ethics of Writing: Authorship and Legacy in Plato and Nietzsche*, Edinburg: Edinburg University Press, 2008, pp. 42, 44, 56-60, 70-101。颇为奇怪的是，这本书没有提到施特劳斯及其弟子的名字或著作，更没有谈到他们对哈夫洛克的"恶毒"批评。该书也没有提到麦金泰尔对哈夫洛克的批评。

研究古希腊最重要的哲学概念,①遭到过麦金泰尔的批驳,②但亦不乏高明之见,这本语言朴实、通俗流畅的专著,大量引用古典文本作为分析的材料,对于我们理解古人的思想,的确是一本非常不错的入门读物。

我们这样说,丝毫没有贬低该书学术价值的意图,恰恰相反,这种由很多大大小小的豆腐块札记式短论构成的书,比那些装模作样的高头讲章更让人觉得亲切,尤其符合现代的"微阅读"习惯。其简洁明快文风比那些靠堆砌术语(更不用说生造乖僻字样)来表现深度的现代学术著作来说,更容易吸引读者进入古典的世界,而不是用各种各样的"专业"术语把读者挡在门外。认真阅读就会发现,这本书其实并不"通俗",仅仅从它专辟一章讲最高深的形而上学问题"存在"(to be),就可见一斑。③这对我国最近十多年热闹非凡至今不衰的"是"与"在"之争不无参考价值。

尤为难得的是,作者力图以"希腊人的正义观"之名表明自己这本书的"希腊性"(greekness),即尽量维护古代思想的原貌,避免现代观念的干扰(页5、7、31)。哈夫洛克看到了正义问题的古今之异(页37、52、108),也

---

① 哈夫洛克,《希腊人的正义观》,页14、25—26、254、275—276、321、325等。尽管他在第13章第一个注释中解释说,自己把语言现象当成技术性的而不是本体性的(页356注释1),但他的确在语言学的沼泽里陷得太深。

② Alasdair MacIntyre, Review of *The Greek Concept of Justice: From its Shadow in Homer to its Substance in Plato*, In *The American Historical Review*, 1980, Vol. 85, No. 3.

③ 另参 C. H. Kahn, *The Verb 'Be' in Ancient Greek*, Hackett Publishing Company, Inc., 2003。哈夫洛克在注释中提到了卡恩这本书,但刻意表明自己与他理解有异。

明白现代观念，比如现代的神话概念，会把我们引入歧途（页47；另参"英雄"概念的不同含义，页71和101）。不过，他的现代路数可能让他的一些洞见大幅度缩水，变成仅有一定"学术"参考价值的资料汇编。哈夫洛克认识到，

> 实际上，古典研究近来已经意识到，希腊古风时期的思维意识与我们极为不同，它尤其意识到我们文化中所熟悉的道德责任观念在古希腊要么不存在，要么至少有着相异的表达。这样的看法不可避免地会招致反驳，因为它一再断定，一种普遍的正义法则在古希腊思想中占有首要的地位。争辩双方或许都从各自的立场假设了与那个时代不相宜的问题。我们难以摆脱如下的习惯：寻找我们习惯了的事物消失的地方，或者相反重申它必定存在于那些地方。（页339）

这是哈夫洛克这本书的"结语"（Epilogue）中的一段话（这个交代研究方法的"结语"其实应该是本书的"导言"）。哈夫洛克虽然看到了古今之异，也看到了很多现代问题对于那个时代来说"不相宜"，但他试图超越论辩双方，似乎显得不自量力，因而必然走到岔路上，终归为现代观念羁绊住了。

比如说，作者不认为荷马社会是一种"部族君主制"或"宗族王权"（tribal kingship），其理由在于没有铁证表明那个时代曾存在过这样一种政体（polity），因为那些统治者不是"君王"，而是tyrants（该词是现代人对希腊语tyrannos的"误译"），那时的含义是"城邦公民大会（agora）授权的大众领导者"（页99）。但哈夫洛克这样的理解实际上站在了古往今来几乎所有学者的对立面，因为

"君主制"或"部族王权"公认为最初的政制形式，而荷马时代的政体就是这样一种由家长权力演变而来的统治模式。①

哈夫洛克这本书最大的学术价值在于指明了"正义"等观念在古希腊时期的"内涵"，也就是"内向性的涵义"。哈夫洛克看到了古希腊思想中的内在化过程，人们的思想以及表达这种思想的概念或术语都有一个由外而内的发展历程：最先表示外在属性的词汇渐渐用来表示内在的品质。因此，与现代观念不同，正义不是外在的要求，而是内在的自律（autonomous），②也是灵魂的真正内在德性。③

哈夫洛克认为这个内在化的过程在柏拉图那里得以完成，柏拉图"通过将正义作为一种灵魂中的'德性'，并用这个词来象征人性，他完成了作为一种个人品质的正义的内在化"（页307）。在哈夫洛克看来，柏拉图甚至"鲁莽地"（incautiously）认为，灵魂内部的正义或正义的内在信仰，就已经足以解决一切问题（页216），这样的评价显然过头了。但正义的确如柏拉图（苏格拉底）所说，

> 并非关系到某人献身于自己的外界事业，而是关系他的内心事业，正如真正地关系到他本人、关系到

---

① 摩尔根认为荷马史诗记录了军事民主甚至原始共产主义，这种说法为马克思和恩格斯所继承并发扬光大，但仅仅就荷马史诗来说，可能不合适。参氏著《古代社会》，杨东莼等译，北京：商务印书馆，1977，页243-245。

② E. Havelock, *Preface to Plato*, Cambridge: Harvard University Press, 1963, p. 19 n. 48.

③ Ibid, p. 204.

他自己的一切事务，既不会让自身中的每一个部分干任何不属于它干的工作，也不会让灵魂中的三个阶层到处插手、相互干扰，相反，他会处理好本质上真是他自己的事务，会自己统治自己，会把一切安排得整齐得当，会成为自己的好友，会完全调和三个阶层的关系，宛如调和具有和声关系的三个音程，一个高音、一个低音、一个中音，如果它们中间还有其他不和之处，他会把它们全都统一起来，使自己从多元体完全转变为一元体，具有节制精神、充满和谐，他就会如此去对待自己的工作，不管他从事什么挣钱的工作，或是照料躯体，或是某一公共事业，或是各种私人交易，在所有这些事务中，他相信并且称呼这工作合乎正义、本质美好，因为它能维护和加强这一精神和谐，相信并且称呼在一旁指导这一工作的知识为智慧，相反，破坏这一和谐的行为是非正义的行为，凌驾于这一精神和谐之上的想法就是无知的想法。(《理想国》443c9-444a2，王扬译文)

正义"内在"(entos，即上文译作的"内心")，在于"自己统治自己"，也就是自己管理自己，一切事物从"多"变为"一"，便井然有序（kosmesanta），它的本质就在于"节制"（sophrona）而"和谐"，这种美好而高贵的品质或精神状态（heksin，布鲁姆译作 condition，王扬译作"精神和谐"）就是正义，而能够教导这种行为（praxis）的知识就是智慧。

正义不仅是内在的品质，也是外向的行为。也许儒家"内圣"如何开出"外王"的千古难题在"正义"这个词的整全含义中能够得到一定程度的解决。儒家《大学》

"八目"过于浓缩的推导过程中不大容易理解的"欲……先……"和"而后"这两个逻辑界点,其实可以训作"德","德者,得也",这里所说的"得"不是儒家古代经生所理解的内在收获,而是精神外化的现实成就。

所以,柏拉图所完成的内向"正义"论,主要还不是一种"理论",而是"行动"。他所说的"道理"不是"正义"(justice per se)的哲学定义,尽管他用了"定义"一词(443d6),该词在这里却是"部分"或"阶层"之意。实际上,苏格拉底在整个《王制》多层次多结构的探讨中,早已表明,对于美好生活来说,任何逻辑上的定义都于事无补。苏格拉底虽然一上来就以克法洛斯的描述不合"定义"(331d2-3)击退了这位可敬的长者,但自己后来接替克法洛斯成为谈话的"头儿"之后,却再也没有提到"正义"的"定义"(551a12 和 c2 的 horos 仅仅"界定"具体的寡头制),他只是说,我们不能"一心扑在没有止境的物质追求上,跨过了人生基本需要的界限"(373d9-10;另参"城邦大小的限度",423b)。

"正义"本身是"德性"之一,而"德性"一词同样出现了含义内向化的过程。该词本来指物体(比如马匹)的优良特质(希罗多德《原史》3.88,西塞罗《论法律》1.45),后来才转而表示人的道德品质。这样的"德性"才是人应该有的"自然",也就是内在的本性,否则阿奎那所谓"自然倾向"能够让我们判断好坏善恶(《神学大全》1.94)这一说法就显得毫无根据的武断,同时也失去了正确理解"自然法"的钥匙。

正义的内在性已经很难为现代人所理解,因为我们在高喊"自由"和"平等"等权利的时候,不知道这些东西本身不假外求,不需要用生命去换取,它们就在我们身上。

柏拉图《王制》中的克法洛斯所说的"自由",不是外向的政治权利,而是灵魂摆脱欲望的逍遥状态(329c;另参西塞罗《论老年》14.49),"自由"与"勇敢"和"审慎"一样,是内在克制之后的无所挂碍,像"自由人"一样,不受饮食男女和钱财富贵的统治。人因自由而宁静,生活才会美好(329a),与后世想干什么就干什么、甚至想不干什么就可以不干什么的外在权利,自然不可同日而语。

从这个意义上说,远古至希腊逐渐实现的"内向化"成果被后世抛弃或反转了,又走回了"外向化"的道路,正如苏格拉底辛辛苦苦从天上拉下来的哲学又被后人送回了天上,与人世越来越没有关系,哲学就好像黑铁时代的"羞耻"和"报应"神,离开凡夫俗子,回到不朽的天神那里去了(赫西俄德,《劳作与时令》行197-200)。所不同的是,哲学被送到天上,是为了取代诸神的位置。哲学是属人的理性产物,因此哲学上天就是人义论的胜利。哲学胜利,理性膨胀到为万物立法的程度,诸神退隐,宇宙中便再也没有羞耻(这个词在希腊语中还有"敬畏"之意),这样的僭越当然会遭到"报应"。

不管哈夫洛克出于何种目的,但他终归看到了哲学上升为"最高的音乐"或"文教之教主"(见柏拉图,《斐多》61a3-4)所带来的问题:"希腊从此就委身于一场危险而让人神魂颠倒的游戏,在这场游戏中,荷马笔下的英雄争斗已转变为概念、范畴和原则之间的战斗。"[1] 活生生的思想世界,在哲学一统天下的封闭世界中,变成了充满头盖骨的战场(黑格尔语),到处是"知性的尸体"和"概念的木乃伊"。

---

[1] E. Havelock, *Preface to Plato*, p. 304.

欧洲自此之后便一直生活在这样的"影子"（shadow）中，几千年都使用着干瘪的语言，还用抽象的概念来交流和教学，而"荷马式的'教化'（paideia）不知不觉滑落成为往昔，变成一种记忆，而一旦如此，希腊人在古风和黄金古典时期（high classical periods）所展现出来的特殊天才，也会变成一种回忆"。① 事实上，那些美好而异质的珍宝，的确已经变成凭吊的对象，渴望拯救的现代人已不能靠吟咏"只是当时已惘然"来打发日子：回归古典，也许是不错的主意。

---

① Ibid, p. 305.

图书在版编目（CIP）数据

自然、权利与正义 / 程志敏著. -- 北京 ：华夏出版社有限公司, 2025. -- ISBN 978-7-5222-0788-9

Ⅰ. B0

中国国家版本馆 CIP 数据核字第 2025CX8081 号

自然、权利与正义

作　　者	程志敏
责任编辑	马涛红
美术编辑	殷丽云
责任印制	刘　洋

出版发行	华夏出版社有限公司
经　　销	新华书店
印　　装	三河市万龙印装有限公司
版　　次	2025 年 10 月北京第 1 版 2025 年 10 月北京第 1 次印刷
开　　本	880×1230　1/32
印　　张	7.75
字　　数	173 千字
定　　价	68.00 元

华夏出版社有限公司　　地址：北京市东直门外香河园北里 4 号
邮编：100028　　电话:(010)64663331(转)　　网址：www.hxph.com.cn
若发现本版图书有印装质量问题，请与我社营销中心联系调换。

程志敏文集

第一辑　自然、权利与正义
　　　　　西方哲学批判
　　　　　《理想国》与古典正义论
　　　　　培根的伟大复兴
　　　　　古典法律论
　　　　　阿尔法拉比与柏拉图

第二辑　古典政治论
　　　　　穿越现代性
　　　　　古典哲学论
　　　　　荷马史诗导读
　　　　　古典学记
　　　　　天道与理性——西塞罗哲学发微

第三辑　世界时代的自我理解（"何以中国"之一）
　　　　　儒家批判（"何以中国"之二）
　　　　　笛卡尔哲学批判
　　　　　星空与道德——康德的伦理思想
　　　　　培根与古今之变
　　　　　西塞罗与古希腊文明